Serpent Rouge

8

LES ÉDITIONS DE L'ŒIL DU SPHINX
36-42 rue de la Villette
75019 PARIS, France
www.œildusphinx.com
ods@œildusphinx.com

© 2006 LES ÉDITIONS DE L'ŒIL DU SPHINX
ISBN: 2-914405-33-2
EAN : 9782914405331
ISSN de la collection : 1768-5648
Dépôt Légal: juillet 2006

Les droits d'auteur seront reversés à la Congrégation des Lazaristes

Notre-Dame de Marceille, Limoux

LES ÉDITIONS DE L'ŒIL DU SPHINX
36-42 rue de la Villette
75019 PARIS, France
www.œildusphinx.com
ods@œildusphinx.com

PRÉFACE

Il est des livres comme des gens : certains vous étonnent, d'autres vous séduisent et quelques autres enfin vous entraînent vers l'inconnu. Mais il est rarissime que l'un d'entre eux induise ces trois sentiments à la fois. C'est pourtant ce que je ressentis à la lecture, en ce printemps 2003, d'une monographie sur le sanctuaire marial de Notre-Dame de Marceille, près de Limoux (Aude), que je venais d'acquérir pour un prix dérisoire chez un bouquiniste toulousain… Brochure insignifiante à première vue, mais qui allait pourtant m'ouvrir des horizons insoupçonnés sur une vieille affaire que je connaissais bien : l'irritante énigme de Rennes-le-Château !

Ce petit ouvrage à la réelle valeur historique, puisque très sérieusement documenté, avait été publié à très peu d'exemplaires en 1962 par un missionnaire lazariste, aumônier du lieu, le Révérend Père Gabriel Migault à l'occasion de la commémoration du centième anniversaire du couronnement de la Vierge Noire de Marceille. Et plus je progressais dans sa lecture, plus se matérialisait en moi une impression de " déjà vu ". Par association d'idées, ce livre me remettait en mémoire un autre ouvrage lu près de vingt ans auparavant, *La vraie langue celtique et le Cromleck de Rennes-les-Bains* publié par l'abbé Henri Boudet en 1886, et dans lequel, faisant appel à une linguistique hautement improbable, son auteur avait usé d'un double langage… Lorsque enfin, je refermais le livre du Père Migault, je ne pouvais plus en douter: comme son confrère de Rennes-les-Bains, notre historien lazariste avait su, lui aussi, " *parler un certain jargon pour l'extérieur* ".

Fort heureusement, le R.P. Migault n'avait pas le même génie achevé que son " célèbre " devancier. Loin de créer des pistes, il s'était efforcé, tout au long de son livre, d'attirer l'attention sur un certain nombre d'" anomalies " qu'il avait constaté dans son cher sanctuaire. Et comment les signaler, sinon par des incohérences manifestes et facilement décelables pour peu que l'on s'intéresse au sujet ? Ainsi, il fournit page 38 un plan de l'édifice si peu conforme à la réalité architecturale des lieux qu'il ne peut être le résultat d'une simple négligence. Inconcevable, si l'on sait que Gabriel Migault y fut le supérieur des lazaristes durant six longues années !

Il est peu probable en effet que l'auteur de cette plaquette, eu égard à sa solide formation, se soit satisfait d'approximations dans ses travaux. Pour d'ailleurs comprendre qui il était, il nous suffit de nous reporter à sa notice biographique publiée par sa Congrégation dès après sa disparition :

" Gabriel Migault est né en 1913 à la Guerche de Bretagne (Ille-et-Vilaine). Il était le fils de Julien et d'Augustine Martin. Il avait une sœur Fille de la Charité. Il fit ses études secondaires dans deux de nos écoles apostoliques du début du siècle dernier, Beaupréau et Gentilly ; le 7 septembre 1931, il entrait au séminaire et émettait ses vœux perpétuels le 7 novembre 1936. Enfin le 2 juillet 1939, à la veille de la guerre, il était ordonné prêtre. Sans doute fut-il marqué par les événements. Le dossier provincial n'en dit rien. Mais on note une licence de théologie en 1946 à Paris et une habilitation au doctorat de la même matière en 1947 à Rome.

Alors commença la valse des placements : professeur de théologie à Montpellier, ministère à Beyrouth, supérieur à Furn-el-Cheback, missionnaire au Bouscat, enseignant de philosophie à Nice, supérieur à Limoux, à Prime-Combe, chargé des sœurs à Toulouse, prêtre au secteur missionnaire de l'Isle sur Sorgues ! Pour être nommé finalement aumônier à la prison des Beaumettes en 1972 jusqu'en 1987... Puis passage discret à Vichy et aumônier à Montolieu. C'est en 1999 qu'il rejoint la résidence de la Mission de Dax. Il vient de nous quitter au matin de la Toussaint 2004 avec 73 ans de vocation. Un beau périple, une vie toute donnée, une vie disponible dans l'obéissance, la fantaisie des événements et les demandes des supérieurs."

Dans mon livre : *Rennes-le-Château, le secret dérobé* [1], je me suis fait l'écho des principales bizarreries que recèle le " Migault ", véritable point de départ de mon enquête sur quelques-uns des principaux mystères de l'église de Notre-Dame de Marceille: ses cachettes et son trésor… dérobé !

Mais il reste encore beaucoup à faire.

C'est donc tout à fait judicieusement que les Éditions de l'Œil du Sphinx ont pris l'initiative de rééditer la précieuse notice du R.P. Migault. Je ne peux qu'approuver et encourager cette initiative. Cet ouvrage étant devenu absolument introuvable, c'est donc un choix plus qu'opportun. Car il est encore loin d'avoir livré tous ses secrets et plus il sera lu, pensons-nous, plus les chances de voir aboutir cette énigme se réaliseront.

Je vous souhaite donc une excellente lecture.

Franck Daffos

---

(1) Éditions de l'Œil du Sphinx, Paris 2005

NOTRE - DAME DE MARCEILLE

LIMOUX

Au prix d'un patient labeur, Monsieur le Supérieur de Notre-Dame de Marceille a noté, dans les pages que voici, tout ce que mille ans d'Histoire nous disent de notre sanctuaire marial. Pèlerins d'aujourd'hui et de demain lui en seront reconnaissants.

Tour à tour, sur sa colline de Marceille, toutes les générations sont venues proclamer Bienheureuse la Vierge Marie. La nôtre saura-t-elle marquer d'un hommage fervent le centenaire du couronnement de 1862 ?

La réponse appartient à chacun de nous. Le R.P. Migault apporte déjà la sienne, en ajoutant ce beau fleuron à la couronne de Notre-Dame.

+ Pierre-Marie
év. de Carcassonne

Avant-Propos

_Limoux, Porte de la Haute-Vallée de l'Aude !
Cité de la Blanquette ! Capitale des « fécos » !_

Et aussi, ville de Notre-Dame de Marceille !

Chaque année, en septembre, c'est la montée vers la colline sainte... Sept collines ceinturent la ville de Limoux ! Une seule est entrée dans l'histoire !

Une histoire de mille ans ! Le premier document sur Marceille étant de 1011 !

En 1891, l'abbé Lasserre, curé d'Alet, publiait une « Histoire du pèlerinage de N.-D. de Marceille près Limoux » (Limoux, Imp. Talamas). En 1893, l'abbé Jacques Escargueil faisait paraître « Notre-Dame de Marceille à Limoux-sur-Aude » (Carcassonne, Imp. Parer). Les deux ouvrages étaient épuisés. Pour 1962, centenaire du couronnement de la statue de N.-D. de Marceille, il fallait éditer une nouvelle brochure.

Les archives de la maison possèdent un Journal, commencé en 1879. Or, les pages 120 à 169, écrites en 1885, forment un essai historique sous le titre : « Notes diverses sur Notre-Dame de Marceille ». Cet essai part des origines et s'arrête à 1709, par ces mots « voir la suite, page   » ? Je n'ai pas réussi à connaître le nom de l'auteur.

La suite viendra trente-cinq ans plus tard, lorsque M. Azémar, en 1920, établira des « Notes pouvant servir à l'histoire de N.-D. de Marceille ». L'abbé Edmond Baichère, résidant à Bagnoles, lui fut d'un *grand secours : ses lettres fourmillent de conseils et de renseignements. M. Azémar quitta Limoux en 1924 ! Ses notes et les lettres de l'abbé Baichère, heureusement conservées, ont servi à l'élaboration de cette brochure, commencée selon le rythme de la ferveur historique propre aux murs de Marceille, trente-cinq ans après le départ de M. Azémar !*

En dehors de factures du XIXe siècle, les archives de la maison contiennent deux registres des « Délibérations de l'œuvre de N.-D. de Marceille ». Le 1er, commencé au 8 mars 1795, se termine au 17 septembre 1811 ; le second débute en août 1814 et s'arrête en 1893. L'interdit de l'église, de 1812 à 1814, par Mgr de La Porte, évêque de Carcassonne, explique l'arrêt du premier registre et la création du second.

L'abbé Baichère avait envoyé, le 5 janvier 1922, une liste des « Mandements, Notes et Brochures sur N.-D. de Marceille ». *Les deux revues,* « Semaine Catholique de Carcassonne » *et* « Semaine Religieuse de Carcassonne », *fournissent la plupart des mandements. L'article de L. Fédié,* « L'église de N.-D. de Marceille près Limoux » *(Mém. Soc. des Arts et Sc. de Carcassonne, 1892, p. 250 sq.), semble la copie de la monographie de l'abbé Lasserre.*

L'abbé Baichère avait lu, vers 1900, la « Monographie historique de N.-D. de Marceille », *manuscrit d'Edilbert de Teule ; l'auteur lui avait communiqué ce travail, et il ajoute : peut-être est-il perdu depuis lors ! En tout cas mes recherches ont été vaines ; j'ai dû me contenter de lire les* « Annales du prieuré de N.-D. de Prouille » *par de Teule (Carcassonne, 1902). Les archives de l'évêché de Carcassonne m'ont apporté quelques renseignements sur le XIXe siècle. Avant la Révolution de 1789, Limoux dépendait de l'archevêché de Narbonne.*

M. Azémar reçut ce conseil : « Si je puis vous

donner une idée, ce serait de rechercher dans les archives de la municipalité de Limoux les faits historiques relatifs à N.-D. de Marceille ; c'est long, on perd beaucoup de temps à ne rien trouver, mais c'est là sûrement qu'on risque de trouver du neuf et du vrai ; puis, en compulsant les registres des anciens notaires de Limoux, vous pourriez avoir la chance de faire l'histoire vraie du Sanctuaire — du XVIe à 1790 —. Il y sera question de donations, de legs, de pensions, de quêtes, de traitements, de subsides, mais de tout cela sortira un fonds historique qui vous renseignera mieux sur Marceille et son pèlerinage, que des notices plus ou moins dues à l'imagination des auteurs, et rarement aux preuves authentiques et aux vraies sources ».

Admirable conseil ! Mais il faut du temps ! Le goût des vieux papiers ! Et être capable de les déchiffrer ! La Providence me tira d'embarras, en me faisant connaître le Docteur Paul Cayla, de Carcassonne : que d'heures passées en son bureau ! J'aurais voulu lui offrir cette brochure, qui lui doit tant ! Il me permit d'emporter à Limoux toutes ses notes prises dans les minutes de notaires ; il me prêta ses livres : « Cartulaire de N.-D. de Prouille » *par Jean Guiraud, deux Tomes (1907) —* « Histoire de l'Inquisition au Moyen Age », *de Jean Guiraud (Paris, Picard (1935) —* « Droit de patronage et pratique religieuse dans l'archevêché de Narbonne au début du XVe siècle », *par Vital Chomel (Paris, 1958 ; extrait de la Bibliothèque des Chartes, T. CXV). Ensemble, nous consultions* « Histoire du Languedoc », *Ed. Privat ;* « Dictionnaire topographique », *de l'abbé Sabarthès.*

Ainsi, mes recherches se précisaient : je n'avais plus qu'à me rendre aux Archives départementales de l'Aude (où sont déposées les archives de Limoux) : Sous-Série IV E - les Séries L (spécialement L 1073, L 1690, L 1121), les Séries BB (surtout

BB 5), C.C. 25 *et* GG 227 *et* 230, *ont retenu mon attention. Des archives nationales de Paris me sont venus le fonds du collège de Narbonne de Paris :* S 6536, S 6244, S 6310, S 6537 — *et le fonds des Pères Doctrinaires :* Série ancienne M 238, 544, 545, 546, MM 547, 548. *Enfin les Archives de Haute-Garonne m'ont fourni la Série Malte-Limoux : Hospitaliers Commanderie de Magrie : ce sont des extraits de Chartes allant de 1214 à 1374.*

Il me fallait des yeux pour déchiffrer ces écritures anciennes. Une fois de plus, la Providence me sauva, en me faisant connaître M. Gustave-Joseph Mot, de Carcassonne. Avec lui, je pouvais me rendre aux Archives de l'Aude, sans trop rougir de mon ignorance. Je fus son secrétaire... Il arriva un après-midi dix minutes en retard sur l'heure fixée, et ce retard fut cause de la découverte du parchemin du Vidimus (14 octobre 1377), de la Bulle du 18 mars 1344 (Archives municipales de Narbonne, G 13). Il se fit un plaisir de lire et de traduire ce Vidimus.

Cette Bulle du pape Clément VI orientait les recherches vers les Archives du Vatican. Un confrère italien me fit parvenir les références : Collectoriæ Vol. 30 (fol. 109-159, 176-221), Vol. 114 (fol. 8-98), Vol. 148, 149, 150, 151, 152, 153, 154 fin à Vol. 158, Vol. 289, 388 — *puis* « Inventario del Fondo Camerale Indice 1036 ». *Mais il fallait connaître la paléographie du XIV*e *siècle, et Rome est loin de Limoux ! Heureusement, le doyen de la Faculté de Théologie de Toulouse, M. le Chanoine Griffe m'a fourni le texte de la Bulle de 1344* (Regesta Vaticana T. 162, Lettre 501, fol. 189, verso 190), *et deux transcriptions concernant la levée d'un subside dans le diocèse de Narbonne.*

Mais je pouvais aller à la Bibliothèque municipale de Narbonne. Je souligne que l'inventaire des

archives municipales est en cours. J'ai consulté :
« Livre vert de l'archevêque de Narbonne » *publié par Laurent (Paris 1886): renseignements sur la 2*me* moitié du XIV*e*: les pages XXI-XXXV et 116-121 concernent Pieusse, qui touche Marceille. Puis* « L'Inventaire Rocque »; *quatre tomes, de 1639-1640: renseignements intéressants au T. 2, p. 432, 447, 550, et au T. 3, p. 243 à 261: les pages 268-284 contiennent l'inventaire des actes du terroir au lieu Marcellan. Dans l'Inventaire Rocque, Marceille est nettement séparée de Limoux; il y a même cette expression :* « Marceillan, juridiction de Pieusse ». *Enfin* « L'Etat du diocèse de Narbonne », *Thouzet 1707.*

Restait la visite du Palais des Papes ! Les Pères Doctrinaires ont été fondés en Avignon en 1592 : l'église St-Jean-le-Vieux dépendait d'eux. Les Archives du Vaucluse, Série H, Série B/H possèdent un certain nombre d'états financiers de la maison de Marceille, entre 1675 et 1711; c'est dire que nous n'avons pas l'état de chaque année. J'ai voulu savoir qui était ce « Perrin », *sculpteur d'Avignon, à qui l'on doit les 4 bas-reliefs en terre cuite. Le Musée Calvet (manuscrits 4498, 5598, 5711) m'a prouvé que les Perrin ne manquaient pas en Avignon, de 1698 à 1785 ; comme architectes, sculpteurs, maçons ou peintres, ils travaillaient dans les églises. Mais lequel a modelé les bas-reliefs ?*

Ces voyages ne m'ont pas fait oublier le passé de Limoux ; les livres ne manquent pas. FONDS-LAMOTHE : Notices historiques sur la ville de Limoux *(Limoux, Imp. Boute, 1838)* — BUZAIRIES : Libertés et coutumes de la ville de Limoux *(Limoux, Boute, 1851);* Règles et Sentences consulaires de la ville de Limoux *(Limoux, Boute 1852); deux articles dans le Journal de Limoux :* Les Pénitents bleus *(n° 30 du 25 juillet 1847);* l'abbé Coste *(n° 50 du 20 décembre 1857)* — Le CHANOINE SABARTHÈS : Notes

Historiques sur la ville de Limoux *(Limoux, Imp. Pornon, 1933)*; Histoire du Clergé de l'Aude de 1789 à 1803 *(Carcassonne, 1939)* ; Alet, St-Martin de Limoux, N.-D. de Marceille *(article, p. 185-200, dans le n° 8 des Cahiers d'Histoire et d'Archéologie, Nîmes, 1931)* — HENRI GUILHEM : La Blanquette de Limoux *(Paris, Imp. Hénon, 1951)* — GÉRAUD VENZAC : Jeux d'ombres et de Lumière sur la jeunesse d'André Chénier *(collection Vocations, Gallimard, 1957)* — Mlle CHRISTIANE SOUVERBIÉ *a eu l'amabilité de me laisser lire son diplôme d'études supérieures présenté à Toulouse, en 1959 :* Limoux, des Origines à la fin du XIVe siècle (1376), *en deux volumes, tapés à la machine ! Son travail m'a beaucoup servi dans mes deux premiers chapitres. Enfin, je n'ai pas oublié les* « Glanes Limouxines de Folklore et d'Histoire » d'URBAIN GIBERT *(Limoux, Pornon, 1961).*

L'Inventaire Rocque avait indiqué le lien entre Marceille et Pieusse. Aimablement, M. le Maire de Pieusse m'a donné toute liberté pour consulter les archives de Pieusse. J'avais surtout pour but de trouver des renseignements sur les personnes enterrées au cimetière de Marceille. Les registres de sépultures de Limoux m'avaient appris que le 17 septembre 1656 l'ermite Antoine Daude avait été enterré dans l'église de Marceille ; ainsi se trouvait justifiée l'affirmation que des caveaux avaient été comblés vers 1860 dans la chapelle de la Croix. Les registres de Pieusse sont restés muets sur la question du cimetière ; pourtant, en octobre 1711, le cimetière et l'église de Pieusse furent interdits par l'archevêque de Narbonne, car on n'avait pas fait les réparations ordonnées. Pendant l'interdit, il y eut deux morts, dont l'un fut enterré à Cépie, l'autre au cimetière de l'hôpital de Limoux. Faut-il en conclure que le cimetière de Marceille ne servait plus en 1711 ! Il existait pourtant en 1641 !

Telles sont les sources de mon travail ! Je tiens à remercier tous ceux qui m'ont aidé à les découvrir, à les comprendre. Quel monde charmant que celui des Archivistes ! Chez tous, j'ai trouvé un accueil empressé. J'ai même rencontré un Directeur qui s'est marié à Notre-Dame de Marceille.

Une recherche a nécessairement quelque chose d'inachevé. Celle-ci comporte des chapitres qui sont plus des essais, des pistes à suivre, que des traités exhaustifs. En écrivant, je me suis souvenu du conseil du Pape Léon XIII, citant Cicéron, dans sa lettre du 18 août 1883, sur les Etudes Historiques : « la première loi de l'histoire est de ne pas oser mentir ; la seconde, de ne pas craindre de dire vrai ; en outre que l'historien ne prête au soupçon ni de flatterie, ni d'animosité ».

CHAPITRE I

ORIGINES

Dans sa lettre pastorale du 15 août 1912, Mgr de Beauséjour écrivait : « *L'histoire de notre pèlerinage se perd dans la suite des siècles. Nous ne saurions lui assigner de date, pas plus qu'à l'image primitive, qui a été l'objet des premières prières des fidèles.* »

Retenons cette affirmation. Il est naturel que nos connaissances aillent en s'amenuisant, quand on remonte les siècles. L'histoire est tributaire des documents, ces innocentes victimes du temps et de l'incurie ou des méfaits des hommes !

Une donation de Roger I, comte de Carcassonne, à l'abbaye de St-Hilaire, en avril 1011, nous parle des vignes de Ste-Marie, confrontant la villa de Flacian.

En 1119, le Pape Calixte II confirme les possessions du monastère d'Alet, dont certaines à Marceille.

Au XIIIe siècle, les actes sont nombreux qui concernent le territoire ou le décimaire de Sainte-Marie de Marceille ; le plus ancien étant de 1214.

Tels sont les documents ! Ils nous révèlent d'une part l'existence d'une église consacrée à la Vierge Marie, d'autre part l'existence d'un territoire appelé « Marceille ». L'existence de la statue miraculeuse est un problème à part.

D'où vient ce mot « *Marceille* » ?

On a donné une étymologie celtique : « Marsilla » (mar, gâter, endommager - seel, fermer les yeux). La source appelée Marsilla, qui jaillit au flanc de colline, à laquelle donne accès la Voie sacrée, aurait été vénérée par les Gaulois ; dans les premiers siècles du christianisme, une statue de la Sainte Vierge aurait été placée au bord de la source ; et, pour nos ancêtres, la Ste Vierge aurait été vraiment Notre-Dame des yeux gâtés, fermés par la maladie, Notre-Dame de Marceille, dans la suite des siècles.

Certes, le Languedoc a subi une influence celtique ! Mais il est plus simple de se tourner vers l'époque gallo-romaine. La terminaison « anum » indique un domaine, et s'ajoute au nom de la personne qui possède. Les domaines dont le nom se termine ainsi sont fréquents dans l'Aude. Si certains noms ont perdu le n final, si d'autres ont gardé le « an » (Preixan, Flacian), ailleurs l'accent est remonté du suffixe sur la syllabe précédente : Pieusse, Cépie... Marceille.

La dénomination de Marcilia (Marcelhanum - 1214) indique que cette appellation a été formée du mot latin Marcellus. Marceille formait donc, au XIIe siècle, une localité, ou villa, dont le fondateur fut Marcellus.

Qui était ce Marcellus ? Quand vivait-il ? Les documents ne permettent pas de répondre à ces questions. D'ailleurs, la ville de Limoux apparaît seulement en 844, dans un diplôme de Charles le Chauve en faveur de l'abbaye de St-Hilaire; des moulins existent à cette époque. En 881, Carloman cède — à St-Just de Narbonne — Limoux avec ses églises Ste-Eulalie et St-Pierre de Flacian. La capitale du Razès était alors Rhèdes (Rennes-le-Château). Pourtant les vestiges archéologiques prouvent que le site de Limoux était déjà habité à l'époque préhistorique. La présence romaine est largement attestée.

Acceptons ce passé mytérieux de Limoux et du domaine de Marceille, en nous rappelant les données de l'histoire générale. De 472 au début du VIe siècle, c'est l'état Wisigoth depuis la Loire jusqu'à l'Espagne, avec Toulouse comme capitale. Pendant les 6e et 7e siècles, la Septimanie était une province frontière, disputée par les Francs contre les Wisigoths. Les Arabes occupent le pays dans la première moitié du 8e siècle ; cinquante ans d'occupation, avec tout ce que cela suppose. De 760 à 877, la Septimanie est incorporée au royaume carolingien : c'est le relèvement de la province. L'appui officiel réservé à l'Eglise permet le développement des paroisses rurales, et la renaissance de la vie monastique. L'abbaye de St-Hilaire est en pleine prospérité.

A la suite de la reconquête du pays sur les Arabes, on fit appel, sous Charlemagne et ses successeurs, à un large mouvement de colonisation espagnole. Les espagnols réfugiés en Septimanie reçoivent des terres. Originaire d'Espagne, Attala fonde le monastère de St-Polycarpe, et Charlemagne lui permet de défricher tout le terrain inculte qui était aux environs de son monastère. Les moines de St-Hilaire font appel à ces réfugiés. Et l'on assiste ainsi à une redistribution des terres en faveur des fidèles ou de l'Eglise.

Marcellus peut être considéré comme un gallo-romain, ou comme un goth, qui, avant le VIe siècle, a fondé le domaine de Marceille. Mais nous le verrions assez comme le chef d'une colonie espagnole — goth ou romain d'origine — qui, fuyant les Maures, se réfugia au couvent de St-Hilaire (8 ou 9e s.). Les moines l'envoyèrent défricher, près de Limoux, les terres incultes de la colline, où se trouve aujourd'hui Marceille, ces terres étant dans la mouvance de St-Hilaire. Ce Marcellus reste donc mystérieux !

Le territoire de Marceille existant, il lui fallait un lieu de culte. En 693, un concile de Tolède avait posé le principe que 10 foyers ou exploitations agricoles suffisaient pour constituer une paroisse. Charlemagne institue la dîme : impôt destiné au culte, qui provoque la multiplication des églises rurales. Multiplication exagérée que Charles le Chauve veut freiner par son capitulaire de 844, mais en vain !

Limoux, au IXe siècle, possédait deux églises : Ste-Eulalie sur la rive droite, St-Pierre de Flacian sur la rive gauche. Ces deux églises ont complètement disparu. L'église St-Martin existait certainement au Xe siècle. Nous savons qu'en 1011 une chapelle dédiée à la Ste Vierge existait à Marceille : depuis quand ? La date de sa construction dépend de la date de la fondation du domaine de Marceille. Incertitude donc ! Cette primitive église était sans doute une modeste chapelle romane ; paroisse pour les gens du domaine, peut-être déjà lieu de pèlerinage.

Reste le problème de la statue miraculeuse !

Une tradition veut que la première statue vénérée dans ce lieu ait été placée dans les premières années du christianisme. Une autre soutient que la statue a été érigée par Marcellus, propriétaire du domaine. Un tableau, appendu aux murs de l'église actuelle, mais disparu depuis 1793, consacrait la légende suivante :

« *Un laboureur qui cultivait son champ sur le coteau de Marcellan voit ses bœufs arrêtés soudain par un obstacle invisible. Il a beau les presser, les exciter, ils demeurent immobiles et résistent à l'aiguillon. Le laboureur, d'abord stupéfait, se sent bientôt envahi par une impression indéfinissable ; il se prosterne en invoquant le secours du ciel. Puis, poussé par une inspiration subite, il creuse la terre, pour découvrir l'obstacle qui arrête ses bœufs. Tout à coup, une Madone de bois, à la figure brune, au regard céleste, se présente à ses yeux étonnés. Il prend avec respect la statue de Notre Dame, il la porte dans sa maison, où elle est accueillie avec bonheur par toute sa famille ; mais, le lendemain, la statue a disparu ! Le laboureur revient à son champ, et il retrouve de nouveau l'image vénérée dans le lieu où, la veille, il avait eu le bonheur de la découvrir. Vainement, il l'emporte une deuxième et une troisième fois, la statue miraculeuse disparaît toujours pour regagner la colline de prédilection... Nos ancêtres auraient élevé une chapelle pour y conserver la statue miraculeuse. »*

En 1912, l'évêque de Carcassonne fit examiner la statue. Voici les résultats de cette enquête, publiés dans sa lettre du 15 août 1912 :

« Nous avons voulu étudier cette statue, sans le manteau doré qui l'enveloppe, afin de l'identifier aussi sûrement qu'il est possible. Nous nous sommes entouré des lumières des juges les plus compétents, et nous croyons pouvoir affirmer qu'elle remonte au moins au onzième ou au douzième siècle.

« C'est une vierge en bois (hauteur 55 cm hors socle) assise sur un faudesteuil, dont il ne reste que des débris. Elle porte une robe longue, que recouvre un ample manteau, dont le collet est retenu et fermé par une agrafe arrondie. La tête de la Vierge est surmontée d'un cercle de bois, base circulaire d'une couronne, dont les fleurons ont disparu. Cette couronne retient un voile qui tombe sur les épaules de la Vierge, et qui recouvre la partie supérieure du manteau. La Mère, de son bras gauche, tient assis sur ses genoux l'enfant Jésus, dont les mains mutilées devaient tenir un objet aujourd'hui vermoulu, peut-être un oiseau, comme cela se rencontre souvent.

« *Les plis de la robe, la forme pointue des san-
dales, la présence de la couronne, celle du voile qui
s'en détache, l'attitude et l'aspect général de la
statue, tout indique, malgré de nombreuses mutila-
tions et de graves injures du temps, une Vierge de
l'époque que nous avons indiquée.* »

Mais la légende ? La statue fut-elle vraiment
découverte dans la terre ? Remarquons que, d'après
une tradition, la statue de bois aurait remplacé une
statue en pierre plus ancienne et objet de la
légende... Il est certain que l'invasion des Arabes
fit cacher les reliques des saints et les statues. Par
ailleurs, l'usage dura longtemps d'enterrer les
statues vétustes (ou qui ne plaisaient plus !), et
parfois dans les cimetières. En 1641, Mgr de Rébé,
archevêque de Narbonne, faisant la visite de N.-D.
de Marceille, ordonna d'enterrer « *trois vieilles
images qui ne sont pas fort décentes* ». Un peu plus
tard, avec Mgr de Grignan, évêque de Carcassonne,
il fallait enlever les statues en pierre, les enterrer
dans les cimetières, et les remplacer par des tableaux
en peinture... La mode sévit même dans l'art sacré !...
Il suffit de se rappeler ces faits pour considérer
comme possible la découverte d'une statue. Quant
à l'acte lui-même de la découverte, disons que la
légende en est charmante, et commune à bien des
pèlerinages ! et qu'il ne faut pas confondre le merveilleux avec le surnaturel !

La statue, objet de vénération, fut-elle la cause
de la construction d'une église ? ou bien la statue
fut-elle déposée dans une église déjà construite ?
Autant de questions qui restent insolubles.

En conclusion, nous rappellerons l'affirmation
de Mgr de Beauséjour : « *la statue remonte au moins
au 11ᵉ ou au 12ᵉ siècle* ».

Comme appendice à ce chapitre des origines de
Marceille, voici une étude sur le puits qui se trouve

actuellement à l'intérieur de la Basilique. En novembre 1961, M. Pierre Verdeil, chargé de cours à la Faculté des Sciences de Montpellier, examina lui-même ce puits. Il a bien voulu nous confier les lignes suivantes.

1) PUITS DE NOTRE-DAME DE MARCEILLE

L'ouvrage a été creusé dans les formations molassiques du Lutécien inférieur qui bordent la rive droite de l'Aude.

On distingue par alternance dans cette formation des pouddingues en association avec des lits de graviers et de sables au niveau desquels a été effectué le captage de la formation aquifère.

Celle-ci correspond à une nappe dissymétrique, divergente, avec alimentation arrière. Le puits est situé dans la zone de déversement en direction de la vallée de l'Aude, sur la rive gauche du courant.

Le bassin d'alimentation restreint : 0,210 kilomètre-carré présente un coefficient d'alimentation de 2 à 6 % fonction du déplacement dans le temps de la période d'alimentation.

Le module pluviométrique est de 660 mm pour une température moyenne corespondant à celle de la zone d'homothermie régionale, de 12°.

Les réserves de la nappe seront comprises entre 2.272 et 8.400 mètres-cubes. Le puits, dont le rayon d'influence lui permet de recevoir 10 % environ de l'écoulement, présentera un débit de :

— 0,007 litre/seconde, soit 67,68 litres/jour pour la réserve minima.

— 0,026 litre/seconde, soit 2.246 litres/jour pour la réserve maxima.

La résistivité de l'eau 1.000 ohms/centimètre/Cm2 est normale pour une formation gréso-molassique à cheminement semi-rapide.

Le puits est grossièrement cylindrique, d'une profondeur de 8 m 45 et d'un diamètre de 1 m 60. Le niveau statique de l'eau est à 167 m 55 I.G.N., l'épaisseur de la lame d'eau de 80 cm.

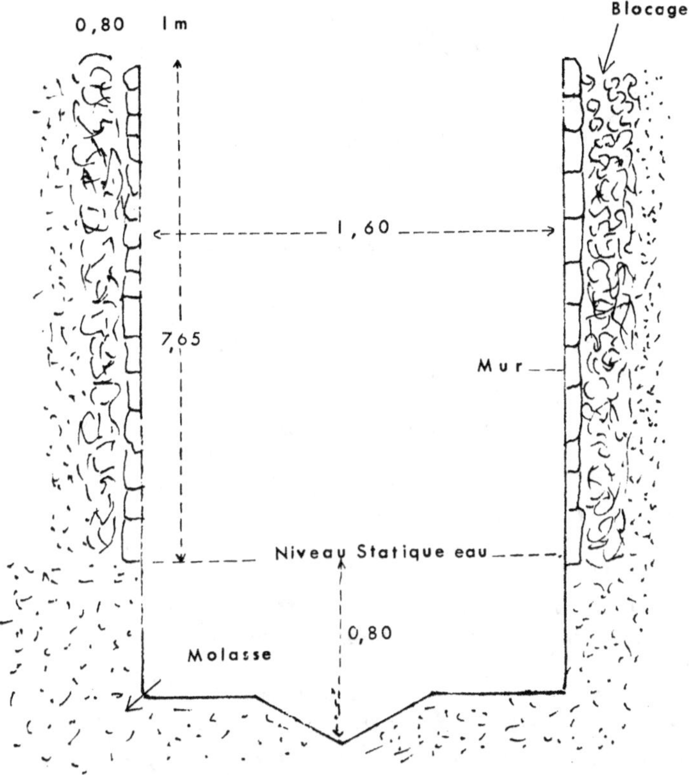

De la margelle au plan d'eau, un mur de construction postérieure au creusement, est constitué de galets de provenance locale simplement superposés, sans adjonction de mortier.

Derrière le mur, pour combler un vide de l'ordre du mètre, on a introduit un blocage d'éléments variés.

La partie inférieure du puits, creusée dans la formation molassique aquifère, se termine par un cône renversé, permettant à la fois de saisir l'eau jusqu'à épuisement complet et de prendre de faibles quantités à intervalles rapprochés.

2) INTERPRÉTATION

A priori, l'emplacement du puits est mauvais, il suffisait de se déplacer d'une centaine de mètres au Sud pour avoir beaucoup mieux ; par ailleurs aucun indice en amont ne pouvait laisser prévoir le passage d'un courant souterrain.

Si l'on se réfère à l'excellence des conditions de captage dans l'antiquité, on doit en conclure qu'une erreur aussi grossière n'aurait pu être commise et que par conséquent le creusement du puits a été nécessité par la présence d'un habitat en ce lieu.

L'emplacement de Notre-Dame de Marceille constitue un poste de garde de premier choix sur la vallée, il existe en outre des traces indiscutables de l'existence d'une construction Romaine sur l'emplacement actuel du Prieuré. Ce n'est certes pas une « Villa » qui a pu être construite sur un site aussi défavorisé pour l'alimentation en eau ; on peut donc raisonnablement admettre l'existence en ce point d'une garnison Romaine obligée, pour assurer sa subsistance en cas de siège, d'entretenir un puits qui devait en partie être utilisé comme citerne.

Plus tard, avec l'invasion Arabe, le site sera réoccupé, des aménagements seront apportés au captage, notamment la forme conique du réceptacle qui se rencontre avec un maximum de fréquence en Afrique du Nord et au Moyen Orient.

Des agrés (échelle par exemple) devaient permettre de puiser l'eau directement au fond du puits.

Cet état de chose a dû se conserver durant tout le Moyen Age, aussi longtemps que la contrée fut peu sûre et que Notre-Dame de Marceille demeura une place forte.

La contrée une fois pacifiée, l'alimentation en eau étant devenue plus facile et le nombre d'occupants du site réduit, le puits fut aménagé avec construction du mur de soutènement intérieur et pose de la première margelle.

CHAPITRE II

De 1011 à 1344

C'est le régime féodal pendant deux siècles. Entre 1209-1226, Limoux subit la croisade des Albigeois, tandis que le pouvoir consulaire apparaît en 1218. La ville, devenue capitale du Razès, est incorporée au domaine royal. En 1231, elle est concédée aux de Voisins, qui garderont la seigneurie jusqu'en 1376.

De petits groupes d'habitations dispersées composent la ville. Sur la rive droite, un noyau d'habitations autour de Ste-Eulalie ; sur la rive gauche, un autre groupement autour de St-Pierre de Flacian. Des habitations entourent encore les moulins ; l'histoire comptera 50 moulins de Pieusse à Alet (10 km environ), et certains servent à la fabrication des draps. Il faut noter le moulin de St-Pierre de Flacian (à 3 meules, dont une pour les draps) situé sur la rive gauche de l'Aude, en face de l'église de Marceille.

Du XIe au XIIIe siècle, le bourg de Limoux s'agrandit, tandis que disparaissent les hameaux. Toutefois une sorte de banlieue maraîchère entoure ce bourg. Marceille est un des centres d'exploitation, dont on possède le plus de témoignages ; il y a le « jardin » de Marceille, au delà de Briade. Lorsqu'en 1257, Guillaume des Voisins, seigneur en partie de Limoux, permet aux habitants de faire moudre leur blé dans les moulins qui ne lui appartiennent pas, cette déclaration est faite à Limoux, à Flacian, et à Raymond, procureur de Marceille.

Les documents parlent du décimaire de Marceille, situé entre le quartier St-Antoine de Limoux et le village de Pieusse. Les décimaires sont les divisions religieuses les plus anciennement connues. En principe, pourrait-on dire, un décimaire correspond à un habitat dispersé autour d'une chapelle. Cette chapelle, placée à un carrefour de chemins fréquentés à cette époque, abrite un cimetière.

Les Archives de Malte-Limoux parlent, pour l'année 1269, d'un ensemble de maisons, proche de l'église de Marceille. Si le carrefour de chemins se devine assez mal, le cimetière est encore cité en 1641. Un sondage dans les registres de sépultures de Limoux et de Pieusse prouve qu'au XVIIe siècle ce cimetière n'est plus utilisé.

Quelques noms d'habitants nous sont parvenus Parmi les familles qui paraissent au premier plan, il y a celle de Fabre de Marceille. Raymond Fabre de Marceille est consul de Limoux en 1261. Le notaire qui écrit la charte du 15 septembre 1261, concernant la restauration de l'église St-Martin s'appelle Carbonel de Marceille. En 1285, un Jean de Marceille, habitant Carcassonne, vend à Prouille des possessions près de Limoux. C'est peut-être le même Jean de Marceille qui, en 1272, avait vendu à Prouille, au nom de son père Pierre et de son frère Bernard, une censive au Rec de Marceille, près de l'Aude.

Quels sont les principaux propriétaires de ce décimaire ? Au XIIIe siècle, le Temple de Douzens possède à Marceille 114 tenances rurales sur 272. Puis viennent les Hospitaliers de St-Jean, domiciliés à Magrie, l'archevêque de Narbonne, et le couvent de Prouille. Mais au XIIe siècle, l'abbaye de Saint-Hilaire régnait à Limoux.

Pendant la période féodale, en effet, la tutelle des

Seigneurs s'appesantit sur l'Eglise, et Limoux passa
du domaine archiépiscopal au domaine comtal. En
881, la ville appartenait à l'archevêque de Narbonne.
Vers 982, Roger 1er, comte de Carcassonne et comte
du Razès, donnait les églises de Limoux à l'abbaye
de St-Hilaire, dont il était le grand bienfaiteur. Et
cette donation est confirmée par le pape Benoît VII
en 982. Sans doute, en 990, un concile réuni à Narbonne condamne-t-il les usurpateurs des biens
ecclésiastiques ! Et Louis VII, par la charte royale
de 1157, confirme-t-il à l'archevêque de Narbonne
les possessions octroyées par ses ancêtres ! Cela
n'empêche pas Roger II Trencavel de tenir sa cour
à Limoux, en 1171. Plus sage apparaît Usalger, le
Seigneur de Pieusse, qui, par son testament du
1er mars 1183, rendait au chapitre St-Nazaire de
Carcassonne la villa de Talabois, et des terres le
long du Sou. Il est vrai que les cathares encoura-
geaient à usurper les biens d'église, car, pour eux,
toute propriété ecclésiastique était illégitime.

La croisade des Albigeois permit à l'archevêque
de Narbonne de récupérer les églises de Limoux. Le
16 novembre 1202, l'abbé de St-Hilaire engageait
encore une partie des dîmes de St-Martin. Mais le
17 avril 1207, Bérenger, archevêque de Narbonne,
donnait à Prouille « *du consentement de son chapitre* » St-Martin « *avec toutes les dîmes et pré-
mices du territoire de Taich, qui lui est contigu* ».
L'abbaye de St-Hilaire, jouissant de la faveur de la
Noblesse, fut accusée d'hérésie, et dépouillée par
les Croisés. La même aventure arriva à l'abbaye
d'Alet en 1222. La mense épiscopale de Narbonne
profitait de tout cela.

Evidemment, les moines de St-Hilaire se défen-
dirent, soutenant que l'église St-Hilaire leur avait
appartenu avant la croisade. Dès la mort de Simon
de Montfort, ils reprenaient de force St-Martin.
Protestation de Prouille ! Le 26 novembre 1218,

Mgr Arnaud Amauri, archevêque de Narbonne, demandait par lettre à l'évêque de Carcassonne de statuer sur la question de la propriété de St-Martin. Cette lettre porte comme lieu d'origine : « *datum Marsiliæ* ». Ne faut-il pas traduire par « *donné à Marceille* » ? Ce ne peut être Marseillette, alors dans le diocèse de Carcassonne. Et pour Marseille (Bouches-du-Rhône), il faudrait prouver que l'archevêque se trouvait ce jour-là en cette ville ! Il paraît très naturel que l'archevêque ait essayé par lui-même d'arranger le différend, à Notre-Dame de Marceille, c'est-à-dire presque sur les lieux, et que n'ayant pu mettre son monde d'accord, il ait désigné officiellement pour arbitre l'évêque de Carcassonne, de qui dépendait St-Hilaire. La querelle dura jusqu'en 1263 : Prouille garda St-Martin.

Le catharisme est reçu favorablement à Limoux comme à Pieusse. La ville de Limoux n'est-elle pas devenue « *le repaire hérétique de la région* » ! Les réunions se font en des maisons sûres, comme celle de Garsende de Pieusse. En 1225, l'assemblée plénière des chefs cathares se réunit à Pieusse : plus de cent personnes se retrouvent dans la maison des cathares ; rien ne prouve que cette réunion eut lieu à Notre-Dame de Marceille, comme on l'a écrit. Les gens du Razès réclamaient un évêque : Benoît de Termes fut choisi. Aussi, le concile de Narbonne de 1227 prononçait-il l'excommunication, spécialement contre les habitants de **Limoux**.

La croisade des Albigeois intéressa les gens de Marceille, cette croisade où la ferveur religieuse se mêlait aux intérêts politiques — et dans les deux camps — avec pour conséquence le partage des terres prélevées sur les vaincus. La prudence poussait à faire des cadeaux aux vainqueurs, surtout si l'on avait quelque chose à se faire pardonner. N'est-ce pas l'explication du geste de Bérenger donnant l'église St-Martin à Prouille ? La ferveur religieuse provoquait les donnats : personnes qui s'engageaient elles-mêmes, ou engageaient leurs biens, totalement ou en partie, envers l'Ordre qu'elles avaient choisi. Le couvent de Prouille bénéficia de ces deux courants ; et obtint des biens et des revenus sur le territoire de Marceille : les familles Olive, Brassia et Appilis se signalent notamment par leurs dons ou leurs ventes.

Il y avait les faidits, c'est-à-dire les personnes proscrites pour cause d'hérésie. Un acte de 1246 donne, pour Limoux, le chiffre de 156 faidits : 106 sont originaires de la ville ou de la proche banlieue : certains sont de Marceille. Entre 1259-1262, St Louis fait vérifier la confiscation des biens ; dans la liste des faidits, on relève un Raymond de Marceille, un Sicard de Marceille, dont le père fut brûlé à Toulouse.

De 1254 à 1300, l'archevêque de Narbonne acquiert beaucoup de terres sur le territoire de Marceille. Il possède d'ailleurs l'entière justice du terroir de Marceille et de Pieusse, et il défend énergiquement sa juridiction. De 1290 à 1340 environ, l'archevêque est en butte au Seigneur et aux consuls de Limoux : le roi et le parlement de Paris doivent intervenir. En 1293, le roi Philippe-Auguste donne pouvoir à l'évêque de Carcassonne de régler le différend entre l'archevêque et Guillaume des Voisins, seigneur de Limoux, à propos de la juridiction de Marceille. En 1311, le roi soutient l'archevêque contre les viguiers et les consuls de Limoux. En 1318, le roi interdit aux consuls de troubler l'archevêque dans l'exercice du « ban » de Marceille : la garde des propriétés de ce terroir n'est pas de leur ressort.

Nous avons donc assez de renseignements sur le décimaire de Marceille. Hélas ! pour la vie de l'église, c'est presque le silence des documents ; pour le pèlerinage, c'est le silence total.

L'histoire religieuse du Moyen Age décrit le XIe siècle comme « *le grand siècle marial* », alors que les 9e et 10e siècles avaient manifesté une certaine « *apathie mariale* ». Au cours du XIe siècle, de nombreux moines écrivent des traités, des hymnes et des poèmes à la louange de la Vierge Marie. Il ne faut pas oublier les troubadours ! Beaucoup ont reçu une éducation monastique ; et la littérature occitane reste pendant tout le Moyen Age très proche de la production latine. Des pèlerinages marials prennent naissance un peu partout; des sanctuaires marials jalonnent les routes que suivent les foules vers Rome et Compostelle. L'on sculpte des statues : statues de la Vierge avec l'Enfant sur les genoux, *Sedes Sapientiæ!* Progressivement, la Madona Regina (Dame Reine) qui sert de trône à son Fils va faire place à la Mère heureuse de tenir son enfant et de le donner aux autres tout en restant indissolublement unie à lui jusque dans son règne glorieux. Le sourire de la statue de N.-D. de Marceille rappelle la dévotion aux joies de la Vierge, qui fut très populaire dès le milieu du XIe siècle. Ces sculptures deviennent l'objet d'une grande vénération ; on embellit les chapelles qui les abritent. Les siècles suivants profiteront de l'impulsion donnée par le XIe siècle.

Comment l'église de Marceille participa-t-elle à cet élan marial ? Nous ne le savons pas. Il faut arriver à 1327 pour trouver la mention du chapelain de Marceille, parmi les bénéficiaires du diocèse de Narbonne. Cette mention est faite lors de la levée d'un subside dans la province de Narbonne. Bientôt, nous lirons l'appellation de « *prieuré de Marceille* ». Jusqu'au début du XIIIe siècle, ce prieuré devait être desservi par l'abbaye de St-Hilaire — sorte de station agricole —. Au XIIIe siècle, la propriété du prieuré revint à l'archevêque de Narbonne.

Si l'église St-Martin de Limoux devint, au XIe s.,

LA VIERGE MIRACULEUSE

une vaste église romane à 3 nefs, agrandie encore
en 1261, il est permis de croire que la chapelle
romane de Marceille subit aussi des modifications,
au XIIIe siècle affirme-t-on couramment. Les repri-
ses constatées aux murs de l'église actuelle prouvent
que l'église romane se trouvait au chevet de l'église
actuelle. Et le clocher repose sur une base carrée
romane de 20 m de haut, éclairée par d'étroites
meurtrières, et contenant la vis d'escalier. La chapelle actuelle de la statue formait le sanctuaire, et
la porte d'entrée était située vers le milieu de la
chapelle St-Joseph. L'église abbatiale de St-Hilaire
n'aurait-elle pas été le modèle de cette église
romane ?

CHAPITRE III

AVEC LE COLLÈGE DE NARBONNE
(1344 - 1664)

────────

Trois siècles ! Les Papes habiteront Avignon. Ce sera la guerre de Cent Ans. Puis les guerres de Religions ! Trois siècles qui fournissent assez de renseignements, excepté le XVe siècle.

La ville de Limoux subit, en 1355, l'invasion du Prince Noir. A partir de 1371, les maisons de Limoux sont enfermées dans l'enceinte des fortifications. Notre-Dame de Marceille est nettement séparée de la ville.

Le collège de Narbonne avait été fondé à Paris, en 1317, par Bernard de Farges, archevêque de Narbonne, dans une maison qu'il possédait rue de la Harpe. Les statuts du 5 octobre 1317 prévoyaient 9 boursiers, et un prêtre, étudiant les arts ou la théologie. Les revenus de l'église rurale de Ste-Marie-Madeleine d'Azille (Aude) — certains textes disent de La Redorte — assuraient la nourriture des écoliers, qui devaient être originaires du diocèse.

Cette clause ne fut pas observée ; des écoliers vinrent d'autres provinces, en particulier du Limousin ; de 1341 à 1391, les trois archevêques de Narbonne sont originaires de cette contrée. Pour que se taisent les clameurs, il suffisait d'augmenter le nombre des écoliers, mais en trouvant des revenus. Qui eut l'idée d'unir l'église Notre-Dame de Marceille à la dotation du collège ? N'est-ce pas l'archevêque lui-même « *supérieur et proviseur du collège* », en même temps que propriétaire de Marceille ?

Les neuf boursiers firent au Pape une pétition, afin d'être au nombre de 20, dont trois seraient prêtres : chaque jour, deux prêtres célébreraient la messe pour le salut du Pape, et celui du fondateur du collège. Ils font remarquer que l'archevêque retire actuellement de l'église rurale de Marceille la somme de 80 livres, mais que la dîme est communément estimée à la valeur de 200 livres. Comme quoi, l'insincérité des déclarations de revenus existe depuis longtemps !

Le 13 mars 1344, par une bulle donnée à Villeneuve d'Avignon, le Pape Clément VI, originaire du Limousin et ancien élève du collège, ratifie l'union. Les archives municipales de Narbonne possèdent un « *vidimus* », ou copie de l'acte d'union, qui date du 14 octobre 1377. Le pape agrée la pétition, voulant que les intentions des écoliers soient bien réalisées, et désirant que « *les fruits de la science et le culte divin soient partout réalisés* ». Devenant « *recteurs perpétuels* » de Marceille, le principal et les boursiers du collège seront tenus « *de supporter toutes les charges ordinaires incombant à cette église, et d'assurer le culte divin habituel* ».

Cette union permit au collège de Narbonne d'acquérir d'autres revenus dans le décimaire de Marceille et à Pieusse : legs faits par des prêtres, censives, redevances. Il y a la ferme du prieuré de Marceille, que le collège gardera même après avoir quitté l'église, en 1664. En général, le prieuré de Ste-Marie-Madeleine rapporte plus que le prieuré de Marceille. Un bail du 11 février 1746 contient ce détail « *pétillant* » : en plus de 830 livres chaque année, le jardinier Louis Bonnet devra verser au collège de Narbonne « *trente pots de la meilleure blanquette de cette ville ou du voisinage* ». Grâce à Notre-Dame de Marceille, Paris pouvait boire de la blanquette !

Pour gérer ses revenus, le collège a sur place des procureurs. En 1585, Pierre Vignal, marchand, abandonne la perception des fruits décimaux que les clercs de Paris prélèvent au décimaire de Marceille, en faveur de Marguerite, veuve de Resseguier, marchand de la ville, moyennant 30 livres. En 1600, c'est le marchand Pierre Servière, fermier au tiers des fruits que le collège retire du décimaire de Marceille, qui les sous-arrente pour 47 charges de bon vin, et 20 setiers de froment. En 1619, le procureur est Maître Jean Vitalis, principal du collège de la ville de Narbonne, qui confie les revenus du prieuré à Jacques Ganes, bourgeois de Limoux, sous la rente de 580 livres. En 1672, c'est le bourgeois Jean Casseigneau, qui baille en arrentement à Pierre Sout, de Limoux, les fruits décimaux que le collège perçoit à Limoux, à Marceille et à Pieusse. Ce bail stipule que les boursiers venant à Limoux pour les affaires du collège seront nourris pendant 8 jours, mais pas davantage !

Malgré ces revenus, les finances du collège de Narbonne semblent avoir été souvent mauvaises. Si, à un certain moment, il y eut jusqu'à 25 écoliers, les statuts donnés en 1544 par le Cardinal Jean de Lorraine, archevêque de Narbonne, indiquent que le nombre des boursiers fut réduit à 16. Il n'y avait plus qu'un boursier en 1763, et le collège de Narbonne fut réuni à celui de Louis-le-Grand.

L'union de Notre-Dame de Marceille au collège de Narbonne est un signe de son importance. Le XIVe siècle nous fournit deux autres événements qui vont, enfin, nous éclairer sur le pèlerinage.

Le 7 septembre 1380, veille de la Nativité de la

Sainte Vierge, le syndic du couvent de Prouille, Bernard Algay, escorté de 20 hommes armés, se transporta à la chapelle Notre-Dame de Marceille, au grand scandale des pèlerins qui y passaient la nuit en prière. « *Le lendemain, 8 septembre, jour de la fête, le dit Algay entra bon matin dans la dite église avec sa cohorte, à laquelle il fit déposer les armes et attendit jusqu'à la grand'messe. L'offertoire arrivé, et les offrandes des fidèles reçues, le dit Algay se présenta et enleva par violence les dites offrandes, quoiqu'on lui eut déclaré que la dite église, les dits écoliers, leurs possessions et leurs droits étaient sous la sauvegarde spéciale du roi ; il fit reprendre les armes à ses gens, et emporta les offrandes au vu de tout le monde* ». Le lendemain, 9 septembre, Algay fit la même opération pendant la grand'messe. Naturellement, il y eut protestation du collège de Narbonne ; le couvent de Prouille ne désavoua pas son syndic... Mais les droits du collège furent sauvegardés dans la suite.

De cet incident, retenons que Notre-Dame de Marceille était un lieu de grand pèlerinage : les fidèles passaient en prière les nuits du 7 au 8, et du 8 au 9 septembre. Il y avait grand'messe les deux jours. La fête patronale de Marceille est le 8 septembre, fête de la Nativité de la Vierge Marie. Depuis le 7e siècle, cette fête était de précepte en Gaule. Innocent IV (1245) la pourvoira d'une octave, et Grégoire XI (1378) la fera précéder d'une vigile. Le pèlerinage de Marceille a donc bénéficié de ces avantages.

L'autre événement est plus édifiant, bien qu'y participe le célèbre Gaston Phœbus, comte de Foix. Le duc de Berry et le comte de Foix se disputaient la lieutenance du roi en Languedoc. Les troupes du comte venaient de mette en déroute les Routiers du duc. Des pourparlers ont lieu pour une trêve.

Le 8 août 1381, les deux princes se réconcilient à Notre-Dame de Marceille. La paix est jurée sur les Evangiles, et tous les deux communient à la messe partageant la même hostie, selon la coutume du temps. Toutefois, il faudra un certain temps pour que la paix soit conclue définitivement !

Par la bulle de 1344, le collège de Narbonne devait supporter toutes les charges incombant à l'église. Les archives du Vatican parlent du recteur de Marceille qui devait participer à la levée d'un décime dans le diocèse de Narbonne ; ainsi trouve-t-on en 1351 l'expression « *rector de Marcelhano sine cura* » — recteur de Marceille sans cure.

Le collège devait aussi assurer le culte divin habituel. Comment le fit-il ? On n'en sait trop rien. Il fallait des prêtres pour acquitter les messes de fondation ; où demeuraient-ils ? Mystère.

Des ermites gardaient le pèlerinage : le XVIIe siècle nous donne le nom d'un ermite, Antoine Daude. Cet ermite fut témoin dans un contrat de mariage, le 3 novembre 1611, entre deux personnes de Limoux. Comme il est dit « *bien connaître les parties* », il avait donc, avant d'embrasser la vie érémitique, vécu à Limoux, d'où il était peut-être originaire. C'est Mgr de Vervins qui lui avait donné l'habit vers 1610. Il mourra à l'âge de 80 ans environ, et sera enseveli, le 17 septembre 1656, dans l'église Notre-Dame de Marceille.

Il fallait des « *ouvriers et des bassiniers* » pour gérer les offrandes et entretenir l'église. Ce choix revenait normalement au collège de Narbonne. Mais les consuls de Limoux réclamèrent assez tôt, semble-t-il, ce droit. N'oublions pas que c'est à partir des années 1326-1342 que les laïcs commencent à gérer le temporel paroissial. L'ordonnance de l'archevêque de Narbonne sur l'organisation de l'église St-Martin

(20 octobre 1370) indique le rôle des consuls dans la vie religieuse de Limoux : les consuls choisissaient le prédicateur de l'Avent et du Carême ; l'archevêque approuvait ce choix, et le couvent de Prouille nourrissait le prédicateur. Sur le produit des fermages perçus à Limoux par Prouille, les consuls retenaient le 1/6 pour les besoins de la sacristie. Les réparations de l'église et du presbytère étaient faites à frais communs : Prouille payait les 2/3, la commune l'autre tiers.

Limité d'abord à l'église St-Martin, l'intérêt des consuls s'étendit aux autres églises de leur consulat. Le conflit était inévitable entre eux et le collège, chaque partie nommant ses marguilliers. Le collège se réclamait de son titre de « *recteur de temps immémorial* », tandis que les consuls invoquaient la coutume et les privilèges du consulat. Les documents ne permettent pas de suivre parfaitement l'histoire de ce conflit qui dura fort longtemps ! Il y avait les « *vœux, offrandes et autres choses données à l'église* » qui tentaient le collège de Narbonne, cependant que les dîmes perçues par le collège dans le terroir de Marceille étaient réclamées par les consuls pour l'entretien de l'église. Le 3 juillet 1551, il y a un acte passé, confirmant une transaction faite entre le Principal du collège et les consuls de Limoux. Ceux-ci avaient le droit d'instituer les marguilliers, les bassiniers, les procureurs, les ermites et les prêtres, mais chaque année, le lendemain du 8 septembre, ils devaient payer une pension de six livres au collège. Si des étudiants, ayant fini leurs études, voulaient s'installer à Notre-Dame comme ermites, ou prêtres chargés de dire les messes, les consuls devaient leur donner la priorité.

Accord fragile ! Les offrandes des pèlerins étaient une tentation ! Les consuls furent négligents dans le versement de la pension. Après intervention au

Parlement de Toulouse, une sentence du Châtelet du 24 janvier 1663 obligeait les consuls à payer 30 années d'arriérage. Autre sentence du Châtelet le 11 juillet 1681.

L'élection des marguilliers se faisait le 1ᵉʳ vendredi de carême. Après la visite pastorale de Mgr de Rébé, 19 juin 1641, l'élection fut faite en présence du vicaire perpétuel de St-Martin, entre les mains duquel ils prêtaient serment. Le procès-verbal du 19 février 1580 nous apprend qu'il y avait six marguilliers, élus d'après les 5 sections de Limoux : l'Eglise, la Trinité, la Tolzane, la Foire élisaient chacune un marguillier, la Blanquerie en élisait deux. Le serment prêté, les consuls remettaient à chaque marguillier des reliques à garder. On constate que la statue miraculeuse n'est pas mentionnée, parce que sans doute considérée comme immeuble par destination ; toutefois, il est fait mention de la « *couronne d'argent de Notre-Dame avec fleur de lys* ».

Les bassiniers étaient élus un autre jour. En 1580, ce fut le 31 décembre. Après l'élection, Pierre de Maslaurens, viguier du roi, demanda aux conseillers de Limoux s'il fallait conserver la garnison, établie à N.-D. de Marceille, depuis le 30 avril. On était alors au milieu des guerres de Religion. Luttes confuses : parfois un catholique dirigeait les troupes protestantes, et un protestant était à la tête des catholiques ; la politique se mêlait à la religion. Quelquefois, comme à Monthault et à Montréal, les discussions et une somme d'argent suffisaient à ramener la paix. Mais le siège de Limoux en 1562 (10 mai au 6 juin) est révélateur de luttes excessivement violentes ; dans les deux camps, on était sans pitié. Ces luttes favorisaient les brigandages : on rançonnait les gens, on détruisait les récoltes. Par prudence, les consuls de Limoux établirent des

Eglise de NOTRE-DAME DE MARCEILLE

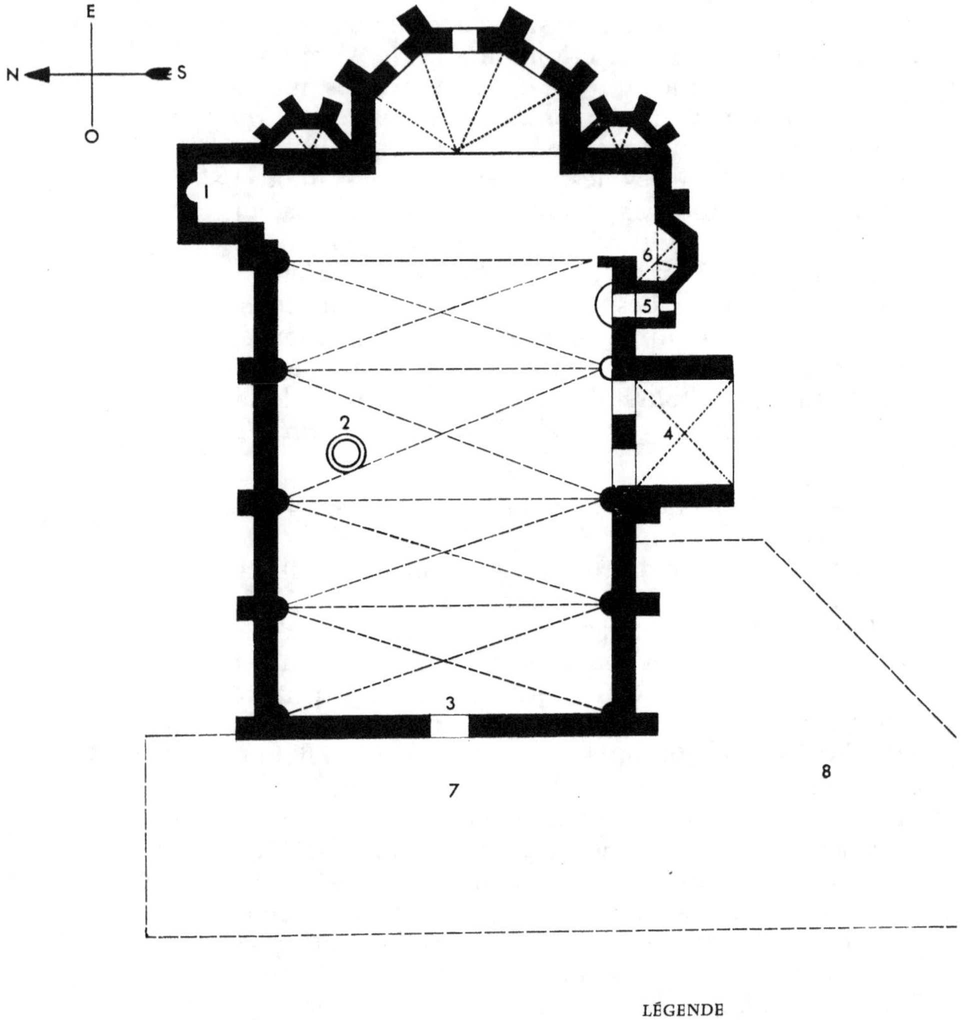

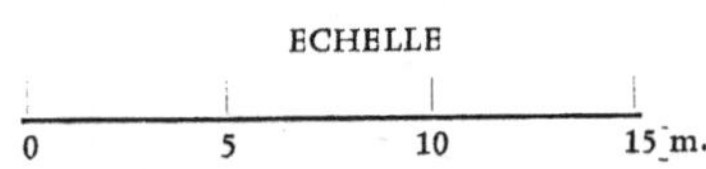

ECHELLE

0   5   10   15 m.

LÉGENDE

1. Chapelle de la Vierge - romane - 2. Puits
3. Rose du Fond. - 4. Porche-Porte
5. Chaire - 6. Clocher - 7. Cimetière ancien
8. Enclos de la Mission.

corps de garde à Notre-Dame de Marceille et à Notre-Dame de Salles. La paix étant proche, la garnison ne restera pas longtemps.

Si les murs de l'église de Marceille pouvaient parler, nous apprendrions tant de choses sur les événements de ce monde ! Et les pierres nous raconteraient leur histoire : comment, en ces trois siècles, elles ont formé une église romane, puis comment elles ont été remuées, unies à d'autres pierres, pour former finalement une église gothique, à la mode languedocienne, c'est-à-dire à nef unique et sans voûte. Elles nous diraient si elles ont été victimes du Prince de Galles, qui en Novembre 1355, livra Limoux au pillage et aux flammes ; si elles ont été victimes du passage, plus destructeur encore, des Routiers ! Et nous saurions ce qui a déterminé la reconstruction sur un plan grandiose du sanctuaire de N.-D. de Marceille !

Les documents nous apprennent qu'après l'invasion du Prince de Galles, la ville de Limoux fut saisie d'un élan constructeur, tel, qu'en 1371, la ville était considérée comme une des villes les plus remarquables de la sénéchaussée de Carcassonne. L'archevêque de Narbonne, Pierre de Jugie (1342-1375), construisit l'officialité de Limoux, et venait y résider l'été. Le canon 91 du concile de Lavaur, présidé par Mgr de Jugie, poussait à construire et à réparer les églises ; les chapelles rurales profitèrent de cet élan. En 1404, a lieu la visite pastorale de l'église de Marceille. Enfin la date 1488, inscrite sous le porche, indique une restauration, sans qu'on puisse préciser ce que fut cette restauration. Mais pourquoi se plaindre de ces maigres renseignements, puisque nous pouvons admirer le résultat de ces efforts constructeurs ?

Bien sûr, l'intérieur de l'église ne se présente plus de la même façon. Chaque siècle a laissé son empreinte : la vie c'est le mouvement ! En 1585, se font des réparations, puisqu'en février 1585, un habitant de Pieusse « *lègue un sou, applicable aux réparations de l'église de Marcelhe* ». En 1642, le chirurgien Pierre de la Neufville léguera 10 livres à l'église. Les minutes des notaires nous apprennent encore que le 17 décembre 1645 les marguilliers commandent au maître menuisier, Jean Cheminan, « *un balustre de bois semblable à celui des Pénitents blancs à Limoux, pour mettre dans la chapelle de N.-D., depuis le pilier qui est à la sortie de la sacristie jusqu'au pilier voisin de la porte du clocher... ce balustre comportera six ouvertures ou portes* ». L'artisan devra avoir terminé son travail pour mai prochain ; le bois sera du noyer, et le prix convenu est de 160 livres. Admirons cette sainte émulation entre les marguilliers des églises de Limoux, et il y avait alors 24 églises !

Le pèlerinage est renommé ; le 9 septembre 1645, le pape Innocent X accorde, pendant sept années, une indulgence plénière, le jour de la Nativité de Marie. Alexandre VII accorde la même indulgence à perpétuité.

Nous terminerons ce chapitre par la description de l'intérieur de l'église, contenue dans le compte rendu de la visite pastorale, faite par Mgr de Rébé, le 19 juin 1641 :

« *Monseigneur, après avoir donné la confirmation, aurait visité le grand autel, qui est consacré... Sur le dit autel, il y a une image relevée de la Vierge, qui porte sur la tête une couronne d'argent, et derrière, il y a une plus grande figure de la Vierge qui tient entre ses bras le petit Jésus... une grille ferme cet autel en forme de cœur, couvert d'une voûte de pierre fort élevée, autour duquel sont représentées diverses figures relevées... l'église a été consacrée, et on en célèbre la dédicace le 2e jour des morts...*

« A côté droit du dit autel a été visitée une chapelle de Ste-Catherine, dont l'autel n'est pas consacré... Du même côté a été visitée ensuite une autre
chapelle de Notre-Dame... sur l'autel il y a un rétable
de bois qu'on dore fort bien (doré en 1641 par
Clément Escoubet) au milieu duquel est représentée
une image de la Sainte Vierge. La dite chapelle est
fermée d'une grille de fer, qui ferme à clé... Tous les
samedis, il y a au dit autel quantité de messes de
dévotion...

« ... A suite de la dite chapelle, et le long de la
muraille de l'église, il y a trois autels contigus : le
premier de St-Eugénie, celui du mitan de St-Ferréol,
et l'autre de Ste-Croix.

« De l'autre côté du maître-autel, il y a une chapelle de St-Michel. Sur le dit autel, il y a un rétable
avec l'image de St-Michel en relief. Les vitres de la
chapelle sont fermées pour plus grande sûreté, parce
qu'elles sont basses... A suite de la dite chapelle, a
été visitée une autre chapelle, tout joignant, dite de
St-Loup... au-dessus il y a un ancien rétable avec une
image de St-Loup, en relief, au mitan, et des peintures aux côtés...

« Au fond de l'église, il y a une tribune, en forme
de galerie qui tourne à la moitié de l'église... Sur les
trois autels joignants, il y a une autre galerie, où
paraît y avoir eu autrefois des orgues ; au-dessous
il y a un puits ; le tout est porté par cinq arcs... il y
a une cloche pour sonner les messes.

« ... au sortir de l'église, devant la porte, il y a
petit couvert en forme de porche, et sur la porte de
l'église une figure de Notre-Dame en relief, enclose
dans une caisse vitrée par le devant. Tout joignant
de la dite porte est la maison de l'ermite entre deux
encoules, où il y a deux petites chambres, et un
jardin en assez bon état.

« ... la dite église est fort grande... la chaire du

prédicateur est entre la grande porte et celle du clocher... »

L'église était pavée de cailloux ; en 1660, de grandes pierres larges les remplaceront.

Que reste-t-il de cet intérieur de l'église ? On reste songeur devant tous ces détails, devant cette remarque : « *autrefois il paraît y avoir eu des orgues* » ! Et la voûte date de 1783 ! On peut se demander si la restauration du XIXe siècle nous a vraiment rendu l'intérieur du XIVe ou du XVe siècle, comme on l'affirme si souvent !

CHAPITRE IV

AVEC LES PÈRES DOCTRINAIRES
(1674 - 1793)

LE 19 avril 1660, les consuls abandonnent leurs droits à l'archevêque. Le 8 octobre 1664, le collège de Narbonne renonce à son titre de « recteur ». Mais les Pères Doctrinaires ne prennent la direction du pèlerinage que le 20 octobre 1674.

Quatorze ans s'écoulent, pendant lesquels l'archevêque de Narbonne administre seul Notre-Dame de Marceille.

Mgr Fouquet est de la famille spirituelle de Saint Vincent de Paul : il fait partie de la conférence des mardis ! Dès septembre 1659, il obtient des missionnaires lazaristes pour le séminaire de Narbonne. Mais le Razès le préoccupe : Limoux est trop loin de Narbonne ! Il faut sur place un séminaire et une maison de missionnaire. L'église rurale de Marceille lui semble être le lieu indiqué, « *tant à cause de sa situation et de ses édifices qu'à raison de la dévotion des fidèles qui l'a rendue fameuse et illustre depuis longtemps* ».

Ce projet, Mgr Fouquet avait dû le mûrir depuis 1656, alors qu'il était coadjuteur de Narbonne. Devenu archevêque en 1659, il se met à l'œuvre aussitôt. En effet, le 4 août 1659, Antoine Grisaud, chapelain de la chapelle St-Blaise en l'église St-Martin de Limoux, cède à l'archevêque de Narbonne cette chapelle, avec son revenu de 200 livres par an, afin de contribuer à « *l'établissement d'une communauté d'ecclésiastiques de vie exemplaire, pour desservir la chapelle N.-D. de Marceille* ».

Le lendemain, 5 août, Jacques Lauger, prêtre et recteur de la Digne d'en Bas fonde « *deux messes basses chaque semaine, l'une pour les défunts le lundi, et l'autre de Notre-Dame le mercredi* », grâce au revenu d'une somme de 2.000 livres ; cette fondation a pour but de contribuer à l'établissement d'une communauté.

Enfin, le 24 août 1659, l'archevêque de Narbonne achète pour 200 livres un champ « *situé derrière l'église de Marceille* ».

Il faut loger la communauté et les deux petites chambres de l'ermite sont insuffisantes. Dès 1659, on commence à construire l'immense bâtiment, qui existe encore devant l'église, entre les contreforts. En 1667, une cloche au son argentin est installée dans le clocher ; c'est « l'Augustine », car on lit sur ses flancs : *sancte Augustine, ora pro nobis, 1667.*

Les consuls de Limoux et le collège de Narbonne acceptent l'établissement d'une communauté. Toutefois, les consuls devront continuer à payer au collège la rente de six livres par an. Et le collège pose certaines conditions : les clercs se réservent le droit de faire l'office divin le 8 septembre, leur député ayant le premier rang ; si un député vient à Notre-Dame, il sera reçu, logé, nourri par la communauté pendant 15 jours. Le collège tient à ces conditions, puisque le 10 septembre 1726 est réglée une contestation sur le droit du Principal du Collège d'officier le 8 septembre.

Mgr Fouquet a un tempérament fougueux ; dans une lettre du 29 août 1659, St Vincent lui demande « *d'aller doucement en besogne* », car « *l'esprit malin qui prévoit la gloire que Dieu tirera de votre chère conservation ne demande pas mieux que de vous voir trop entreprendre d'abord, pour vous voir bientôt abattu ».* N'est-ce pas ce qui arriva pour son projet de Notre-Dame de Marceille ? Les fils de St-Vincent dirigeaient le séminaire de Narbonne ; des prêtres avaient été réunis à Notre-Dame, puis appliqués à d'autres emplois. Qui étaient ces prêtres ? Peut-être des doctrinaires... Pourquoi furent-ils changés ? Ce qui est certain, c'est que Mgr Fouquet réclame à St Vincent deux prêtres et un frère pour les missions du diocèse de Narbonne. Ainsi le beau projet s'était évanoui ; restait à assurer la marche du pèlerinage.

Le 1 mars 1673, l'assemblée provinciale des Pères Doctrinaires approuve la demande de Mgr Fouquet de mettre des prêtres à Notre-Dame de Marceille. Cette congrégation avait été fondée en 1592 par César de Bus, à Avignon, pour l'éducation de la jeunesse. Les Doctrinaires ouvrent un collège en 1640 à Narbonne, en 1646 à Limoux. Mgr Fouquet les connaissait donc ! Le 8 mars, le vicaire général, M. Dagen, et le Père Romégat, recteur du collège de Limoux font l'inventaire de la maison : cinq chambres sont meublées. Il reste à signer le contrat. Mgr Fouquet meurt !

Son successeur, le cardinal de Bonzi, signera le contrat le 21 octobre 1674. Il est entendu que le collège de Limoux mettra deux prêtres en résidence à la chapelle. Ces prêtres dirigeront le pèlerinage, feront les réparations sans rien demander à l'archevêque, ni au collège de Narbonne. Ils confesseront et donneront la communion, sauf pendant la quinzaine pascale, pendant laquelle ils devront renvoyer les gens à leurs paroisses. Ils seront obligés de recevoir les ecclésiastiques, qui viendront pour faire les exercices spirituels, ou qui leur seront « *envoyés pour faire pénitence* ». Si, à l'avenir, il y a des rentes suffisantes pour entretenir un plus grand nombre de prêtres, ils seront obligés de faire des missions dans les paroisses du Razès, mais en laissant toujours deux prêtres à la chapelle (ce souhait ne se réalisera pas !).

Les Pères Doctrinaires dirigeront le pèlerinage jusqu'en 1793, et le feront avec zèle. Liée originairement au collège de Limoux, la maison de Marceille semble avoir pris assez tôt son indépendance. Le travail n'était pas le même, ni les finances ! Il y eut deux prêtres, puis deux prêtres et un frère ; au moment de la Révolution, il y aura un prêtre et un frère.

Les Doctrinaires surent attirer les dons, augmenter les revenus de la chapelle. Le 12 octobre 1674, Antoine d'Hautpoul, seigneur de Rennes, est inhumé dans l'église des Cordeliers de Limoux, mais son cœur est conservé à Notre-Dame de Marceille : deux messes seront dites pour lui par semaine, grâce à un capital de 2000 livres.

Un prêtre de Carcassonne, M. Gentet, décide de se retirer à Marceille : il y mourra. Il lègue tous ses biens à la maison : 1600 livres, ainsi qu'une métairie à Montclar, à charge de 7 messes par an quand il sera mort.

En 1697, la maison possède deux vignes, donnant environ vingt charges de vin ; tandis que le champ derrière l'église donne environ 6 setiers de blé.

Il semble qu'à la fin du XVIIe siècle, les Doctrinaires de Marceille avaient, en dehors des ressources de la chapelle (casuel, messes) un revenu fixe d'environ 1500 livres. Le frère allait faire la quête ; en 1697, il rapporte 307 messes de Carcassonne. Le questeur de Mirepoix devait « *du blé et 3 livres et 1/2 pour une rame d'images qu'il a prises* » (la vente des images n'est pas d'aujourd'hui !). En 1708, Jean Ichac de Pieusse doit treize livres pour le reste d'une quête. En 1717, les Etats du Languedoc donnent « *25 livres d'aumône* ». A quel titre ?

Financièrement, la maison de Marceille était solide. Or, l'hiver de 1709 fut catastrophique[e] : les gelées et la neige avaient fait périr « *toute la récolte, les oliviers et les figuiers* »; la disette fut générale. Le Provincial des Pères Doctrinaires, le P. Bouilhade, décida que toutes les maisons de la province d'Avignon sacrifieraient une partie de leur revenu pour remédier à la misère. Il fit la visite de la maison de Marceille, et le 1er mai 1710 ordonna que les revenus provenant de l'héritage de M. Gentet, de la chapelle de St-Blaise... relevaient de la Province d'Avignon, et non de la maison de Marceille.

Décision grave ! La charité en était le motif ! Mais le contrat de 1674 prévoyait : « en cas de *départ des Doctrinaires, les rentes qui auront été données reviendront à l'archevêque et serviront soit pour une autre communauté, soit pour le service de la chapelle, soit pour le bien du diocèse* ». Le provincial aurait dû consulter l'archevêque ! Le Supérieur de Marceille dut défendre les intérêts de sa maison. Le P. Bouilhade, élu supérieur général en 1711, partit à Paris... En 1716, les comptes de la maison prouvent que l'ordonnance n'était plus en cours.

Le contrat n'avait guère précisé la question de l'administration de l'église. Les Doctrinaires eurent quelques difficultés avec les marguilliers, sans qu'on puisse trop savoir lesquelles. Le 14 février 1693, le cardinal de Bonzi publia une ordonnance qui réglait l'administration du spirituel et du temporel de la chapelle ; mais on ignore le contenu de cette ordonnance. Dans l'état de la maison de 1708, la phrase suivante peut se rapporter à cette ordonnance : « *nous donnons tous les ans à MM. les marguilliers, par ordre de Mgr l'Archevêque, 120 livres pour conserver le droit de la quête* ». Le 30 juin 1773, une transaction est passée entre le supérieur de Marceille et les marguilliers, en présence des délégués de l'archevêque : « *tous les dons et offrandes que recevaient les prêtres, ou autres que l'honoraire des messes, seront remis à l'administration* ». Les six marguilliers étaient donc chargés des comptes de la fabrique et de tous les détails de l'administration.

Les Pères Doctrinaires changèrent complètement l'intérieur de l'église, l'adaptant au goût du XVIIᵉ s. Les trois autels latéraux, près de la sacristie, disparurent, ainsi que les deux tribunes. Sur les colonnettes de la nef, furent construits des pilastres, couronnés de chapiteaux, et d'une corniche qui faisait le tour de l'église. Les trois verrières du Maître-Autel se trouvèrent à plus de moitié fermées par les constructions nécessaires pour loger les douze apôtres. Chacune des autres chapelles eut son rétable, chargé de sculptures, de statues et de caryatides. La chaire en pierre fut recouverte d'une élégante chaire en bois.

A tout cet ensemble doré, il fallait une série de grands tableaux. Au-dessus du sanctuaire et des deux chapelles latérales, un immense tableau était placé représentant le tombeau de Notre-Dame, son Assomption et son couronnement. Lors de la restauration de l'église, on décida, le 15 décembre 1861, de ne pas replacer le tableau. En 1684, on suspendait un tableau d'Ambroise Frédeau, peintre et sculpteur, né à Paris en 1589, et moine de l'Ordre de St-Antoine de Vienne, mort à Toulouse en 1673. Ex-voto de son Ordre qui possédait un fief dans le territoire de Limoux ; le tableau représente un moine, en méditation, au milieu de la nuit, et paraissant écouter un concert céleste. Nous avons, de 1711 — rafraîchi en 1823 — un tableau qui porte, avec les dates, le nom de Rieudemont ; serait-ce le peintre languedocien Pierre-Jean Rieudemont ? Le sujet de ce tableau est assez curieux : en bas un homme et une femme à genoux — en haut, Dieu le Père — au centre, la Ste Vierge, assez proche de

Dieu. Est-ce l'Assomption ? Mais que font l'homme et la femme à genoux ? Ne serait-ce pas la naissance de la Vierge Marie ! En 1713, M. de Briane envoie de Paris le tableau de l'Annonciation. En 1714, Guillaume Moitrié fils, originaire de Carcassonne (paroisse de St-Michel) donne deux tableaux : l'un représente la Visitation, l'autre la Présentation de Marie au Temple. Enfin, en 1743, Perrin, sculpteur et architecte d'Avignon, fait et pose les Bas-reliefs en terre cuite du sanctuaire et de la chapelle de St-Joseph ; ceux du sanctuaire représentent l'adoration des Mages et la fuite en Egypte. Ceux de la chapelle St-Joseph représentent St Loup disant adieu à sa femme pour entrer au couvent, et St Loup devenu évêque repoussant les Barbares en Bourgogne. Ces deux bas-reliefs entourent le buste reliquaire de St-Loup. En 1881, on enleva « *quatre caryatides, qui n'étaient pas sans mérite, mais auxquelles on reprochait une trop grande nudité* » !

Que vient faire Saint Loup dans la chapelle de St Joseph ? Rappelons-nous qu'en 1641, c'était la chapelle de St Loup : la fête de St Loup était célébrée solennellement, avec « *messe haute, et la veille, Vêpres* ». Il y a donc eu mutation ! Pareille aventure d'ailleurs est arrivée à la chapelle Ste-Catherine, qui est devenue la chapelle de la Croix. Ce n'est pas un cas unique : le 12 janvier 1686, Mgr de Grignan, évêque de Carcassonne, faisait la visite de Montréal ; il décida que la chapelle de Sainte-Catherine deviendrait la chapelle ᵉde la Croix. Conséquence des variations dans les dévotions ! Signalons enfin que l'Inventaire des ornements et vases sacrés de l'église de Marceille, en 1704, porte ces mots : « *une petite couronne de la Vierge à la chapelle Ste-Anne* ». Où était cette chapelle Sainte-Anne ?

Tous ces changements devaient bouleverser les

fidèles de Marceille ! Ces fidèles qui ignoraient le conseil de Boileau dans l'Art poétique :

« Vingt fois sur le métier remettez votre ouvrage. »

Ce conseil est suivi dans l'aménagement des églises ! Nous avons un écho des plaintes, en 1700 : les consuls de Limoux demandent à l'archevêque de Narbonne d'arrêter le projet qu'ont les Doctrinaires d'ouvrir une rosace dans le mur qui forme l'arceau du chœur... Il n'y aura pas de rosace, mais en 1702 la table de communion en noyer disparaît : le marbre de Caunes est si beau ! Et l'on transforme le Maître-Autel, *« en forme de cœur »* ! En 1641, il comprenait deux statues de la Ste Vierge, avec une voûte en pierre... on supprime... c'est le règne du bois ! Une statue en pierre est détruite, et sert à construire, vers 1681, le piédestal de la statue actuelle en bois doré. En 1860, on retrouvera sous les trois statues du maître-autel *« une forteresse en pierre du Moyen Age, flanquée de tours, avec une porte-forte par laquelle se précipitent des essaims d'enfants, pour se réfugier dans l'intérieur de la citadelle, image de Marie »*. Cette forteresse, qui servait de trône à la statue de Notre-Dame, fut mise près de la chaire, sous un grillage protecteur... elle y était encore en 1891... elle n'y est plus !

Les douze apôtres entouraient le maître-autel. Cela pose un problème. La statue de la Vierge est actuellement encadrée par deux statues, dites de St Pierre et de St Paul : les clés et l'épée l'indiquent du moins ! Mais St Pierre devait être avec les 12 apôtres ! Et pourquoi St Paul tient-il un livre, sur lequel on lit un verset du Bénédictus ? Il est certain qu'en 1652, Barthélemy Rouquette restaure et dore les deux statues de St Pierre et de St Paul. Avons-nous ces statues ? — Bouleversements vers 1700, bouleversements vers 1860... c'est beaucoup pour y voir clair ! Formons une hypothèse... Les douze apôtres étaient en haut; près de la Vierge Marie, on met à gauche St Jean-Baptiste (la maison-mère des Doctrinaires était le couvent de St Jean le Vieux, en Avignon) — et à droite Zacharie (il était alors vénéré) ou St Augustin (patron des Doctrinaires). Au XIXe siècle, les clés et l'épée les auraient transformés en Pierre et Paul !

Quoiqu'il en soit, toutes ces transformations révèlent une ardeur singulière pour l'embellissement de l'église. La fontaine ne fut pas oubliée ; on la réparait en 1749. Enfin, en 1783, l'italien Bernard Rippa construisit la voûte. Ainsi, tout le long du XVIIIe siècle les travaux continuèrent, signe que le pèlerinage était prospère : deux faits nous le prouvent.

Le 15 septembre 1685, le feu se déclarait à Limoux au quartier de la Trinité et dévora, en trois jours, 126 maisons, ainsi que les couvent des Trinitaires et des Augustins. Les consuls firent un vœu à Notre-Dame de Marceille : le feu s'arrêta subitement. Sébastien Macoin, peintre de Carcassonne, fut chargé de faire un tableau ex-voto ; le 3 octobre 1689, les consuls acceptèrent le dessin présenté par Macoin. Le tableau peint à l'huile sur une toile devait être fini pour Noël ; le prix était de 112 livres, 10 sols. On peut voir ce tableau à la chapelle de la Vierge, bien qu'il soit mal placé ! Il représente les Limouxins éplorés qui assistent à une procession du St-Sacrement, à travers les rues du quartier incendié : les consuls sont en costume officiel. Au bas du tableau, on lit l'inscription : « *Vœu fait à N.-D. de Marceille par Marc Antoine de Peyre, président et juge-mage de Limoux, et MM. les consuls, à l'occasion de l'incendie arrivé au dit Limoux, le 15 septembre 1685* ».

Nous avons vu que l'hiver de 1709 avait été catastrophique. Le 14 avril, pour implorer le secours du ciel, la paroisse St-Martin se transporta en procession à Marceille. Tous les couvents des religieux étaient présents, ainsi que les Pénitents bleus, et les Pénitents blancs de Limoux. Etaient là encore les pénitents blancs de Quillan, et quelques pénitents bleus de Chalabre. La procession fut si générale, et « *d'une si grande quantité de public que l'église fut entièrement remplie, et elle continua jusqu'à la croix du fond de la descente* ».

Lorsque quelque fléau affligeait le pays, les Pénitents bleus de Limoux avaient l'habitude d'aller en dévotion à Carcassonne. Pour le jubilé de 1702, soixante d'entre eux étaient partis à pied à Narbonne ! En 1709, ils renoncèrent à cet usage, et « *donnèrent la préférence aux aumônes et à une procession vers l'église de Marceille* ». Ils assistèrent à la procession du 14 avril, la tête et les pieds nus, un cierge à la main, avec la relique de Ste Libérate, envoyée de Rome en 1701.

Les pénitents bleus ne faisaient qu'imiter ce qui se passait depuis longtemps dans les diverses confréries et associations de Limoux. Beaucoup de monde venait à Marceille les quatre dimanches de carême : il y avait « *messe haute* », tandis que les charpentiers faisaient dire une messe à la chapelle Ste-Catherine, et les marchands à la chapelle Saint-Michel. Le lendemain de Pâques, on chantait les Vêpres, et le prédicateur de Limoux prêchait (les gens avaient fait « *l'omelette* »). Naturellement, l'église de Marceille était toute indiquée pour la procession des Rogations. Les Pénitents blancs montaient en corps constitué les 8 et 14 septembre, à 7 h. du matin.

Ah ! quelle foule en l'octave de la Nativité ! La ville de Limoux sut en profiter ; les marchands songèrent à une foire de septembre, qui fut créée en 1764. Il y a un lien entre l'octave et la foire. C'est le maire de Limoux qui l'affirme dans une lettre,

en 1806, lettre envoyée à l'évêque de Carcassonne :
« *l'oratoire de Notre-Dame de Marceille est de temps immémorial, pendant l'octave de la Nativité de la Vierge, un lieu de rassemblement et de dévotion, pour tous les habitants du département de l'Aude, et des départements environnants, qui donne lieu à une foire très conséquente qui dure trois jours* ».

Arrive la Révolution de 1789 ! Epoque difficile pour la religion ! Peu de dégâts à N.-D. de Marceille : des ex-voto disparaissent... L'église sert un moment de magasin à blé : des charretiers de Chalabre viennent s'approvisionner ; une bagarre éclate, et la statue du porche est décapitée. On sauve la tête, et dans un sac, on la porte à la Maison Commune. Plus tard, elle fut remise sur place, et l'on voit encore à la hauteur du cou des traces du plâtre qui a servi au rajustement.

En 1789, le supérieur de Marceille s'appelle Magloire Guibaud, âgé de 77 ans ; avec lui, il n'y a qu'un frère, Jean-Marie Choquet. Tous les deux prêtent serment, ainsi que la plupart des Doctrinaires de Limoux, Narbonne, Castelnaudary. Tous les deux reçoivent, en mars 1793, un certificat de civisme. Magloire Guibaud touche 1200 livres comme traitement, Choquet d'abord 180, puis 600 livres. La municipalité de Limoux confie au prêtre Guibaud la garde du mobilier de la maison, après l'inventaire.

Ceci explique, sans doute, pourquoi il y eut peu de dégâts à Notre-Dame de Marceille. Mais les lois furent appliquées !

Le 1ᵉʳ février 1791, premier inventaire de l'Argenterie, des ornements, et des autres effets mobiliers du prieuré de Marceille. Est vendu, pour 450 livres, un terrain situé à la porte St-Antoine de la petite ville de Limoux, et qui appartenait au prieur de Marceille.

Le 20 avril 1793, se fit l'adjudication aux enchères des bâtiments de Notre-Dame. Deux lots furent constitués : le premier, estimé à 2400 livres, comprenait la maison, le jardin, l'olivette ; le second, estimé à 1100 livres, était formé par l'église, dépouillée de ses sculptures, décorations. On ouvrit les enchères à 6000 livres pour les deux lots. Au sixième feu, ils furent attribués à Martin Andrieu cadet, ancien consul de Limoux, pour la somme de 10.300 livres.

Les 7 et 8 mai 1793, tous les meubles, effets et denrées qui se trouvaient dans la maison furent vendus aux enchères ; en tout, 133 lots qui rapportèrent 1713 livres. Un tas de fumier fut adjugé trois livres, tandis qu'un tonneau de trois charges, rempli de bon vin, atteignait 103 livres !

Un inventaire des effets à usage personnel du prêtre Guibaud et du frère, le 29 avril 1793 prouve qu'à cette date la maison était encore occupée.

Au 20 juillet 1793, l'on trouve le procès-verbal de l'inventaire de tout ce qui se trouvait dans l'église. Qu'allait devenir la statue miraculeuse ? Elle disparaît mystérieusement !

Une lettre du 25 juillet 1793 des Commissaires, qui furent chargés de l'enlèvement des effets de l'église, nous apprend qu'on leur a dénoncé que le buste en bois noir de la statue a été dérobé. Comme on a trouvé d'autres bustes de saints chez les deux hommes, chargés de transporter les effets de l'église, on les accuse d'avoir dérobé la statue. En tout cas, on ne retrouve pas la statue, et l'on se demande ce qu'elle est devenue.

Le 30 juillet 1793, l'agent national de Limoux dresse procès-verbal contre une jeune femme inconnue, qui profita du moment où l'on faisait le recensement des effets de l'église, pour enlever la statue. On n'a pu retrouver cette femme, et nul ne

LA VIERGE DU PORTAIL

la connaissait, même ceux qui l'ont vue ! L'agent national, qui cite les témoins du fait, souligne que *« les gens crient au miracle »*.

L'enquête se poursuit ; la femme inconnue aurait enlevé la statue le 29 juin. Les portes de l'église étant fermées à clef, on ne sait comment elle put s'introduire dans l'église. Toujours est-il qu'aperçue dans les champs, courant avec la madone sous le bras, on se mit à sa poursuite ; mais soudain, on ne vit plus ni statue, ni la femme, habillée de noir, qui avait semblé jeter la statue.

Le comité révolutionnaire de Limoux, la municipalité de Limoux, l'agent national de Pieusse sont invités à prendre des informations, pour découvrir cette personne — 8 août —. La femme se serait donc enfuie du côté de Pieusse. Une plainte est formulée contre les marguilliers de l'église, le 21 juin 1794 ; on les accuse d'avoir enlevé certains effets de l'église, et d'avoir favorisé l'enlèvement du buste de la statue.

Cet épisode de l'enlèvement de la statue est curieux, presque du roman policier ; il nous est pourtant rapporté en toutes lettres dans les procès-verbaux des agents nationaux.

En savons-nous actuellement plus qu'eux ? Nous connaissons celui qui garda la statue dans son coffre : François Lasserre, propriétaire à Villardebelle, et ancien prieur des Pénitents bleus. Mais qui était la jeune femme ? Mystère ! La famille Bonnet, ayant des vignes autour de Marceille, semble avoir aidé à cacher la statue. C'est tout ce que l'on peut dire.

La statue disparue reviendra lors de la réouverture de l'église, le 8 mars 1795.

CHAPITRE V

INTERVENTIONS MIRACULEUSES
EX-VOTO

LE sermon du Couronnement, en 1862, fut prononcé par l'abbé Paulinier, curé de Saint-Roch de Montpellier (et futur archevêque de Besançon), qui déclara : « *il faut bien, mes frères, que des faits éclatants aient proclamé sa vertu* (celle de N.-D.) *pour expliquer la foi ardente, l'amour généreux, l'enthousiasme divin qui tant de fois firent tressaillir vos pères... Ces faits, où sont-ils consignés ? Regardez autour de vous ! D'où viennent ces nombreux ex-voto que je vois suspendus à ces murs ? Que signifient ces expressions naïves qui les couvrent ? C'est l'histoire de Notre-Dame de Marceille écrite par des mains pieuses, sous l'inspiration de cœurs généreux... Que de malades guéris, que de mères consolées ont gravi votre sainte colline ! Que de pauvres, que de malheureux se sont inclinés devant vos autels, pour y déposer avec amour l'offrande du souvenir ! Que de souffrances vous avez adoucies ! Que de larmes vous avez essuyées ? Que de fautes vous avez pardonnées ! Que de vertus vous avez fait fleurir !...* »

Paroles que confirmait, en 1912, Mgr de Beauséjour, dans son toast, s'adressant à ses prêtres : « *...plusieurs ont été, au cours de leur vie, les témoins ou les confidents de faveurs spéciales attri-*

*buées à la Vierge Miraculeuse ; tous, vous avez foi
dans le pouvoir de miséricorde et de bonté réservé
à Marie dans ces lieux... »*

Cette histoire de N.-D. de Marceille est délicate à
écrire. L'Eglise est prudente, quand il s'agit de
reconnaître un miracle. En rapportant ici les faits
merveilleux, survenus à Marceille, nous n'entendons
prévenir en aucune manière les jugements de l'Eglise
sur les récits de ces faits miraculeux. Mais s'il n'est
pas bon de crier trop vite au miracle, il est mauvais
de le refuser, et dangereux de faire fi des grâces
corporelles. La Providence veille sur nos corps,
comme sur nos âmes ! Ouvrons l'Evangile : le
Christ opère des guérisons. Dans la liturgie, on
trouve le souci du corps, uni à l'âme. Même la
Bénédiction des Cendres contient ce souhait :
*« Seigneur, que tous ceux sur qui nous répandons
ces cendres, pour le rachat de leurs péchés, obtien-
nent la santé pour leur corps, et la protection de
leur âme ».* C'est dans cette atmosphère réaliste qu'il
faut situer tous les faits miraculeux, attribués à
Notre-Dame de Marceille.

Les faveurs spirituelles sont les plus nombreuses
et pourtant les moins connues. Un ex-voto toutefois
porte cette légende : *« ex-voto pour une vocation
religieuse obtenue par l'intercession de Notre-
Dame ».* C'est un grand tableau qui se trouve au-
dessus de la niche ; il est du XIXe siècle, et suggère
la vocation d'une Carmélite. Aucun document ne
précise de qui il s'agit ! Vers 1910, un Père Jésuite
venait visiter le sanctuaire, en reconnaissance, dit-il
à M. l'abbé Jean, supérieur de Marceille, pour la
grâce de sa vocation obtenue par l'intercession de
Notre-Dame.

« J'étais allé faire, raconta-t-il, *à la fin de mes
classes une retraite chez les Pères Jésuites, pour
étudier ma vocation. Les exercices de la retraite se*

*terminèrent sans que ni de ma part, ni de la part
de ceux qui me dirigeaient, la vocation fut reconnue.
Le P. Gignac, mort en odeur de sainteté, qui était
alors supérieur de la Résidence, me congédia en me
disant : il n'y a pas lieu à rester, il faut vous examiner encore davantage. Or, étant venu dans les environs de Limoux, chez un condisciple du Grand
Séminaire, nous nous rendîmes en pèlerinage à
Marceille. J'étais en prière devant la niche de la
statue vénérée, quand ayant levé les yeux, j'aperçus
le tableau, portant qu'il avait été donné en reconnaissance pour une vocation obtenue. Donc, me dis-
je, Notre-Dame de Marceille accorde les vocations !
Je la priai avec ferveur, et la nuit qui suivit j'enten-
dis mon appel à la vie religieuse. Le lendemain
même, je demandai mon admission chez les Pères
Jésuites ; j'y fus admis et j'y suis encore ».*

En octobre 1920, le Père Jésuite revint à Marceille.

La plus ancienne faveur matérielle qui nous soit
connue est de 1412. Un voiturier, venant de Leucate,
apportait du poisson à Limoux. Au bas de la colline
de Marceille, le mulet glissa et roula dans la rivière.
Voyant la perte de son mulet et de son poisson, le
voiturier invoqua la Vierge de Marceille. Il devait
retrouver son mulet sain et sauf, et son poisson !
En mémoire de ce prodige, il fut établi un péage en
faveur de Marceille : les poissonniers paieraient un
sou par charge de poisson apportée à Limoux. Les
marguilliers devaient tenir le registre de ce péage
jusqu'en 1793.

Peut-on vérifier ce récit ? Il est certain que jadis
une route de Limoux à Carcassonne existait sur la
rive droite de l'Aude. Après ce récit, l'on trouve ces
lignes écrites en 1885 : « *Le présent extrait a été
tiré d'un livre ancien où sont écrits les miracles de
Notre-Dame, signé Romille, marguillier. A la suite
de cet extrait, copié en 1711, j'ai trouvé l'état des*

recettes perçues pour le droit en question, du 11 juillet 1711 au 25 août 1714. Les poissonniers venaient toujours de Leucate, Bages. L'engagement contracté a été fidèlement rempli pendant près de quatre siècles. »

Tout cela a disparu, hélas ! Livre de Romille, Etat des recettes ! En tout cas, cet incident nous révèle l'existence de livres écrits sur Notre-Dame de Marceille, vers 1700. Soulignons que le P. Guibaud, supérieur de Marceille, tenait un Registre de Marceille... disparu lui aussi !

Aux murs de l'église, de touchants et naïfs ex-voto rappellent les faveurs de Marie. En 1690, Dejean de Limoux fit un vœu à Notre-Dame, sa femme étant gravement malade. En 1710, les marguilliers Romette, Poirson et Grisou signent le récit de la guérison de François Pery, cordonnier, natif de Ronda (Espagne). Etant arrivé, le 21 septembre, *« dans l'église Notre-Dame, environ les sept heures du matin, après s'être confessé et avoir reçu la Sacrée Communion, il s'est trouvé miraculeusement soulagé et entièrement guéri de toutes ses douleurs, par l'intercession de la Très Sainte Vierge, en sorte qu'il a laissé les potences (les béquilles) dans la chapelle de la dite église, à la réserve d'une qu'il a gardée pour lui servir seulement de bâton pendant son chemin »*.

Jusqu'à ces dernières années, bien des béquilles se trouvaient dans la chapelle de la Statue. L'intention était bonne, mais l'encombrement certain !

En 1740, François Reynault, originaire de Sedan, sacristain de St-Martin, souffrait d'un cancer au visage, qui le défigurait ; il se lava plusieurs fois à l'eau de la fontaine, et fut radicalement guéri en douze jours. Il fit faire un tableau en 1750, revêtu de l'approbation de M. de Guerguil, vicaire général de Narbonne.

En 1751, Jean Vidal Lafacture, maître paveur à Limoux, affligé de paralysie, se lava à la fontaine, et fut guéri.

Le 25 août 1785, Jean Pierre Giraud Tadome, âgé de 20 ans, natif de Béziers, travaillant à la réparation de l'église, tomba de l'étage qui est à la naissance de la voûte, sans se faire aucun mal. Par son tableau, il rend grâces à Dieu et à la Vierge.

En 1816, les habitants du village de Magrie, affligés d'une maladie contagieuse, vinrent en procession à Marceille, se mirent sous sa protection, et quelque temps après, la maladie cessa. Depuis, ils viennent en procession en septembre !

Antoine Sicre, natif de Limoux, se trouvant à Cadix (Espagne), fut affligé le 20 septembre 1819, de la fièvre jaune, qui ravageait la ville. S'étant recommandé à Notre-Dame de Marceille, il eut le bonheur de recouvrer la santé, après avoir fait trois rechutes dans cette maladie mortelle, et être resté soixante jours dans le lit. Vers 1840, son fils reconnaissant envoya de Cadix, comme ex-voto de la guérison de son père, une lampe en argent, qui se trouve suspendue dans la chapelle.

Le 23 septembre 1881, une religieuse de Paris (Noviciat du St-Enfant-Jésus) ayant obtenu une faveur qu'elle désirait ardemment, par l'entremise de N.-D. de Marceille, a envoyé la lampe, qu'on a placé au milieu de la chapelle ; ainsi qu'elle en avait fait la promesse.

Et il y a la fameuse pierre, rivée à un crochet de fer ! Que de pèlerins qui veulent la voir ! On demande bien des renseignements sur elle ! Voici tout ce qu'on peut leur répondre : « *la tradition rapporte qu'elle tomba des murs, sans faire aucun mal aux ouvriers* ». Quand ?...

Il faut s'arrêter, en évoquant le pèlerinage de la

paroisse de St-Vincent de Carcassonne, du 28 septembre 1884.

Le curé de St-Vincent, Pierre Dariez, originaire de Limoux, était venu à Notre-Dame de Marceille à l'insu de ses paroissiens, le 25 août, et il avait promis un ex-voto, si sa paroisse était délivrée du choléra qui faisait de grands ravages dans la ville de Carcassonne. Pendant la célébration du Saint-Sacrifice de la Messe, il eut l'idée d'un pèlerinage paroissial et de l'offrande de deux cœurs, dont l'un serait déposé à Marceille, et l'autre dans la niche de Notre-Dame de la Parade, à Carcassonne.

Le soir de ce 25 août, pendant le triduum prescrit par l'évêque de Carcassonne, il monte en chaire, fait part à la paroisse de son vœu, et le lendemain la décroissance du fléau se fait sentir d'une manière si sensible qu'au 8 septembre on ne comptait à peu près plus de victimes dans la paroisse.

Les paroissiens reconnaissants offrent deux cœurs en argent, qui sont bénis solennellement dans l'église de St-Vincent par Monseigneur Billart, le 25 septembre. Dans les deux cœurs sont renfermés les noms de tous les pèlerins et ceux des personnes qui participèrent à leur acquisition.

Et le pèlerinage se fit le 28 septembre ; mille deux cents personnes arrivèrent par le train. L'ex-voto, placé dans la chapelle, porte cette inscription : « *Paroisse St-Vincent de Carcassonne. Reconnaissance et Consécration. Epidémie de 1884* ».

CHAPITRE VI

DANS LA LITTÉRATURE

Titre prétentieux, peut-être !... et incomplet, car le site de Marceille a inspiré bien des peintres, sans parler des photographes !

Actuellement, la rue André-Chénier mène à la Voie Sacrée. Le poète, en effet, gravit la colline de Marceille, le 8 septembre 1770. Enfant, il est resté huit ans dans le pays d'Aude, et l'influence languedocienne est certaine dans l'œuvre du grand poète. Le texte suivant montrera que le pèlerinage de Marceille est resté vivant dans ses souvenirs :

« *En me rappelant les beaux pays, les eaux, les fontaines, les sources de toute espèce que j'ai vus dans un âge, où je ne savais guère voir, il m'est revenu un souvenir de mon enfance, que je ne veux pas perdre. Je ne pouvais guère avoir que huit ans, ainsi il y a quinze ans (comme je suis devenu vieux !) qu'un jour de fête on me mena monter une montagne. Il y avait beaucoup de peuple en dévotion.*

« *Dans la montagne, à côté du chemin à droite, il y avait une fontaine dans une espèce de voûte creusée dans le roc ; l'eau en était superbe et fraîche, et il y avait sous la petite voûte, une ou deux madones.*

« *Autant que je puis croire, c'était près d'une ville nommée Limoux, au bas Languedoc. Après avoir marché longtemps, nous arrivâmes à une église bien fraîche, et dans laquelle je me souviens bien qu'il y avait un grand puits. Je ne m'informerai à personne de ce lieu-là, car j'aurai un grand plaisir à le retrouver, lorsque mes voyages me ramèneront dans ce pais. Si jamais j'ai, dans un pais qui me plaise, un asyle à ma fantaisie, je veux y arranger, s'il est possible, une fontaine de la même manière, avec une statue aux nymphes, et imiter ces incriptions antiques : D. fontibus sacris. »*

A 23 ans, André Chénier n'avait plus guère l'esprit d'un pèlerin ! Mais ses souvenirs étaient fidèles. On aimerait savoir s'il venait de Carcassonne, avec sa tante Marie, ou de la campagne non loin de Limoux, avec son vieux père nourricier et la tante Juliette. Contentons-nous de la page limouxine d'André Chénier, document à retenir pour l'histoire du pèlerinage au XVIIIe siècle.

Un autre poète de ce siècle a dû monter la colline de Marceille : Fabre d'Eglantine, né à Carcassonne, mais venu habiter Limoux avec ses parents, en 1757. Il fut un élève brillant du collège des Doctrinaires. L'auteur du calendrier républicain et de la chanson : « *Il pleut bergère* » a-t-il goûté le charme de Marceille ?

Au siècle suivant, nous trouvons Alexandre Guiraud (1788-1847). L'ami de Victor Hugo, le fervent du premier cénacle romantique avait comme promenade favorite Notre-Dame de Marceille. Voici quelques vers dédiés par le poète à la colline sainte :

Au pied des hautes Pyrénées,
Où l'Aude se promène en un vallon riant,
Limoux, où je naquis, s'élève verdoyant
Sur des plaines, au loin, de pampres couronnées.
Sur un coteau voisin, à la Mère de Dieu
Un ermite, aux vieux temps, bâtit une chapelle :
Et la Vierge propice écoute, en ce beau lieu,
Celui qui souffre et qui l'appelle.

LA FONTAINE MIRACULEUSE

Aussi, près de la niche au grillage doré
Ceux qu'elle a secourus suspendent leurs offrandes,
L'ancre du matelot sur les flots égaré,
Des bagues, des joyaux dont on s'était paré,
Quelques fleurs des champs en guirlandes.

De ces vers, Alexandre Guiraud a fait le commentaire suivant :

« *Près de la ville de Limoux, sur une petite éminence, au pied de laquelle la rivière d'Aude coule parmi les jardins, fût bâtie, il y a environ quatre siècles, en l'honneur de la Vierge, une chapelle, qui est connue dans tous les environs, sous le nom de Notre-Dame de Marceille... Au bas de la côte, commence ce qu'on appelle la dévotion... à mi-côte, la fontaine, qui donne goutte à goutte, une eau à laquelle on attribue des effets merveilleux... Dès la nuit du 8 septembre, les pèlerins se rassemblent à genoux et dans un profond silence, montent ainsi dévotement et lentement jusqu'au parvis de l'église, et de là, toujours dans la même attitude, jusqu'à la chapelle particulière de la Vierge... Cette madone est en bois, d'une structure assez informe, et d'une couleur très noire... Toute la nuit, des jeunes filles qui se groupent par villages, chantent successivement des cantiques, causent assez bruyamment, et dorment, ou sur les larges dalles, ou dans les stalles enfoncées. Il y a un puits au milieu de l'église, qui fournit de l'eau à tous les repas qu'on y prend en commun... »*

Les deux poètes, André Chénier, Alexandre Guiraud, ont été frappés par la fontaine, par le puits. Le mot « dévotion » se retrouve chez tous les deux pour décrire la montée des pèlerins ; la dévotion n'était-elle pas de monter à genoux, et en prière, la voie sacrée ? Ainsi deux poètes nous décrivent ce qu'était le pèlerinage entre 1770 et 1830 !

Poètes, peintres aiment la colline de Marceille, « *la plus simple du monde* », pourtant ! Cette expression est de Joseph Delteil (de Pieusse), qui a curieusement introduit Notre-Dame de Marceille dans son « Don Juan » ! dont il fait le jongleur de Notre-Dame : « *il errait par la chapelle, il s'arrêta devant la statue de la Vierge noire. Elle avait le même sourire que jamais, un peu plus narquois peut-être — à moins qu'enfants ils n'en sentissent pas la narquoiserie. Un sourire si connaisseur, un sourire qui jauge le mal tout en le pardonnant ; un sourire d'infirmière... Inutile, pauvre enfant, de te complaire en aveux, nous dit-elle, je sais ta lèpre, et qu'elle n'est même pas romantique ; un sac d'ordures à jeter au fond de la mer, et n'en parlons plus ; sourire...* » (page 224).

Henri Duclos (de Limoux) n'a pas été consolé par le sourire de Notre-Dame de Marceille, dans sa prière « *quelque peu janséniste, ou romantique* » :

Le long des grands cyprès qu'argente la poussière,
Près de vous, Sainte Vierge, et dans votre jardin
Où l'eau de la fontaine aime à parler latin,
Il m'est doux d'être seul pour dire ma prière.

Les oliviers d'ici, que leur verdure est chère
Au cœur lourd et dolent de votre pèlerin !
Sous leurs rameaux légers s'adoucit mon chagrin,
Mais quand je pense à vous je bénis ma misère :

Le roseau plie au vent, mon âme à la douleur,
Resterais-je à vos pieds si j'avais le bonheur
Et si la nuit tombant sur chaque crépuscule

Voyait tous mes désirs et mes rêves comblés ?
Notre-Dame, acceptez le cierge que je brûle
Pour que les cœurs meurtris ne soient pas consolés.

(p. 28-29 : De l'hiver à l'automne, Paris, 1926.)

Mais c'est pour être consolés que les pèlerins
montent la colline sainte, et la Vierge Marie devait
aimer l'antique chanson du pèlerinage :

Celui qui veut aller à Marceille
Qu'il se lève de bon matin !
Nous lui achèterons une enseigne
Et des birous et des foissetous.

L'enseigne, c'est l'insigne. Quant aux birous et
foissetous, ce sont des petits gâteaux, dont le
gâteau au poivre de Limoux.

CHAPITRE VII

RESTAURATION DU PÈLERINAGE
(1795-1873)

Le 21 février 1795, était publié le décret de réouverture des églises en France. L'église de Notre-Dame de Marceille, fermée depuis novembre 1793, ouvrait ses portes le 8 mars 1795 — IVe dimanche de Carême —. La statue était revenue ! Le P. Arène, ancien dominicain, célébrait la messe avec un calice d'étain. Le jour même de l'ouverture, on commençait d'inscrire les recettes et les dépenses sur un volume que nous avons sous les yeux.

L'église, la sacristie sont complètement dénudées ! On achète un calice en argent de 500 francs, puis quatorze chasubles et six aubes pour 1500 francs d'assignats. La niche de la statue est redorée ; on met une corde au puits pour monter l'eau. Et en 1798 on achète quatre tableaux à Reverdy, curé de St-Martin, pour la somme de 24 livres. Les maçons font des réparations, mettent des tuiles sur les toits. Il est normal que la comptabilité de Marceille pour les années 1795-1799 soit déficitaire, bien que l'on retienne trois sols sur les honoraires des messes : le P. Arène recevait ses messes au taux de 15 sols.

Les fêtes de Septembre reprennent avec éclat ; sur les comptes de 1795 figure un achat de poudre à canon de six livres ! Plusieurs prêtres aident le

Père Arène durant l'octave, sans doute les prêtres qui desservaient l'église St-Martin. Le registre des messes données par les pèlerins porte :

pour 1797 : 1120 messes ;
pour 1798 : 1925 messes ;
pour 1799 : 2165 messes.

Le propriétaire de Marceille, Martin Andrieu choisit des marguilliers pour se faire aider dans l'administration du pèlerinage : M. Télinge et Durand. Le 24 juillet 1796, Martin Andrieu vend à Télinge, Andrieu et Lasserre, les 3/4 de l'église, avec ses dépendances, au prix de 1.125 livres, au total, soit 375 livres que chacun des nouveaux propriétaires compte en espèces réelles d'argent. Ces quatre co-propriétaires nomment des marguilliers, et ils choisissent le P. Arène comme aumônier. C'est l'honneur de ces quatre laïcs que d'avoir remis en marche le pèlerinage !

Arrive le concordat de 1801 ! Le nouvel évêque de Carcassonne, Mgr de La Porte, doit réorganiser le diocèse : tâche difficile, car il faut régulariser bien des situations ! Que de prêtres qui ont prêté les serments, surtout dans la région de Limoux ! L'abbé Montpellier remplace le P. Arène, en 1804, comme chapelain de Notre-Dame. Mgr de La Porte veut régler aussi l'organisation du temporel de l'église. Il lui paraît bizarre que des laïcs gèrent sans aucun contrôle ecclésiastique les revenus de l'église : en particulier les honoraires des messes ! L'évêque, soutenu par le gouvernement, veut que des prêtres soient chargés des « offrandes pour les messes », tandis que les quatre propriétaires se basent sur ce qui se faisait avant la Révolution : les marguilliers étaient chargés de toute l'administration.

Une petite guerre s'ensuit... En 1803, les propriétaires ferment l'église quelque temps avant l'octave du 8 septembre. Où vont aller les pèlerins ? On décide de faire l'octave à l'église St-Martin : il faut résoudre le problème de la nuit ! De temps immémorial, les femmes sont accoutumées de coucher dans l'église de Marceille... On leur permet de faire de même à St-Martin. Les propriétaires réagissent et, le 7 septembre au soir, rouvrent l'église de Marceille : 400 personnes les suivent !

En 1806, nouvel incident ! Il y a bien eu un accord entre Monseigneur et les propriétaires le 6 ou le 9 janvier sur les offrandes des messes : le maire de Limoux avait promis à Monseigneur de défendre cet accord. Mais, on ne sait trop pourquoi, les propriétaires menacent de fermer l'église. Le maire de Limoux intervient : en bon administrateur de la ville, il pense à la foire de septembre : la fermeture serait une « *perte pécuniaire pour la ville* » ! Les propriétaires restent sourds à ses arguments : il y a pourtant parmi eux un orfèvre ! Ils ferment l'église... Emoi dans la ville ! Le bruit court que 500 à 600 personnes sont dans l'église... Les prêtres sont insultés, ainsi que l'évêque... la police monte à Marceille, et trouve 80 personnes dans le salon du presbytère, 50 à 60 dans le vestibule de l'église, et 20 ou 30 personnes dans la montée.

Le 11 juillet 1806, les propriétaires concluent avec Monseigneur un accord en quatre articles : le maire de Limoux devient membre-né du conseil d'administration avec les quatre propriétaires. Ceux-ci gardent le droit de présenter trois noms au choix de l'évêque pour les fonctions du chapelain. Le 30 juin 1808, l'abbé Fort, originaire de Montréal et ancien doctrinaire de la maison de Bayonne, devient chapelain de Marceille ; il cumulera en 1811 le titre de vicaire de l'Assomption, dont le curé est le populaire abbé Pierre Coste.

Tout semblait arrangé... Mais il y a le décret du

30 décembre 1809 sur les fabriques, tandis que Mgr de La Porte voulait obtenir la cession de la propriété de Marceille. Le Ministre du Culte intervient de Paris le 16 mai 1812 ; le sous-préfet de Limoux communique aux propriétaires cette lettre. Ils résistent au pouvoir civil, comme au pouvoir ecclésiastique. Finalement, le 9 juillet 1812, Mgr prononce l'interdit : l'église sera privée d'offices, tout en restant ouverte aux fidèles. Le préfet de l'Aude reçoit de Paris l'ordre de faire respecter l'interdit.

C'est la catastrophe ! Plus de huit septembre, d'octave ! Le maire de Limoux, M. Espardellier parle d'une perte de 50.000 francs pour la ville : il écrit à Monseigneur, il va voir les propriétaires. Le curé de St-Martin essaie d'arranger l'affaire : c'est *une perte annuelle de 30.000 francs* », écrit-il à l'évêque. Les propriétaires vont sacrifier leurs droits, par amour de N.-D. de Marceille. L'interdit est levé le 13 août 1814... La joie est grande... Mais l'octave est proche... et le Ministre du Culte doit signer la levée. Paris est loin, l'administration est lente; aussi maire et propriétaires demandent-ils à l'évêque de constituer une fabrique provisoire.

L'ordonnance épiscopale du 13 août 1814 va régir le pèlerinage jusqu'en 1893 — avec des modifications en 1869 et en 1876 —. L'évêque de Carcassonne nommera le chapelain et les quatre marguilliers. Il y aura un conseil d'administration, composé du sous-préfet, du maire, du Président du Tribunal, des curés de la ville et des quatre propriétaires. Ce conseil se réunira deux fois par an, « *nécessairement vers la fin du mois d'août* ». Les marguilliers devront le consulter pour les grandes réparations. A la première réunion, le 21 août 1814, les propriétaires approuvèrent toutes les clauses de l'ordonnance. L'abbé Péchou, vicaire de St-Martin, devient chapelain.

Une certaine rancœur restait dans le cœur des propriétaires. Leur bonne foi était évidente, leur honnêteté encore plus ; leur tort, semble-t-il, était de n'avoir pas compris que la Révolution avait changé bien des choses ! En 1822, ils acceptent mal la nomination de M. Eschausses comme chapelain. Le 3 septembre 1837, le conseil d'administration constate que le logement prévu pour l'aumônier, alors M. Mèche, n'est pas libre, « *par suite de l'opposition d'un des propriétaires* ». On décide d'aller même devant les tribunaux pour l'exécution des accords de 1814. Le Bureau des Marguilliers, en novembre 1840, renouvelle sa demande de logement pour l'aumônier, M. Gasc, depuis 1838. Ce dernier, qui restera 35 ans aumônier de Marceille, finira par loger sur place ; son dévouement au pèlerinage changera les cœurs.

Ces incidents n'arrêtent pas la venue des pèlerins. Le 18 mai 1807, une grande procession se fait pour demander la pluie. Hélas ! la colline de Marceille manque d'eau, et la comptabilité nous indique un charroi d'eau en septembre 1808 : coût huit livres dix sols ! Tout au long du XIX⁰ siècle, le problème de l'eau retiendra l'attention du conseil d'administration... Le puits de l'église ne suffit pas... Des sondages seront exécutés sur divers points ; en 1868, on se résoudra à amener l'eau de la rivière.

Les réparations de l'église sont continuelles, comme celles du presbytère. En 1810, réparation du dernier arceau de la voûte ; en 1837, réparation des vitraux. En 1844, il faut réparer le clocher, dont la flèche a été abattue par la violence du vent. Tout cela coûte cher ! Evidemment les pèlerins sont généreux ; en 1805, les marguilliers de Pieusse font une rente de 10 livres ; il y a aussi la vente des bijoux déposés dans la niche ; un petit magasin fonctionne dans la sacristie. Ce n'est guère la place !

Aussi, en 1837, décide-t-on la construction d'une deuxième sacristie et, en 1852, d'une troisième sacristie.

Le pèlerinage voit deux grandes manifestations, le deuxième dimanche de septembre 1835 et en 1855 : le choléra en est la cause. Les pèlerins prennent l'habitude de venir tout le mois de septembre. Aussi, le 16 mai 1854, le pape Pie IX étend à tout le mois de septembre l'indulgence donnée par Alexandre VII, pour le jour de la Nativité de la Vierge Marie.

En 1840, le conseil d'administration reproche à l'aumônier, M. Gasc, de ne pas dire la messe le mercredi de chaque semaine, ni les jours des fêtes supprimées : lorsqu'il dit la messe, il ne reste pas assez longtemps pour recevoir les gens. L'abbé Gasc logeait et enseignait à la pension St-Victor (future école St-Louis) : le traitement de Marceille était trop modique pour le dispenser de remplir une autre charge. On lui demande de rester le matin jusqu'à 11 heures, mais « *par respect pour son caractère et par considération pour le dévouement dont il n'a cessé d'être animé pour le bien de la chapelle, et les améliorations ou embellissements dont elle lui est redevable, le Bureau déclare qu'il n'insistera pas davantage...* »

Juste éloge ! Par son dévouement, l'abbé Gasc a attaché son nom à l'histoire du sanctuaire de Marceille. De 1838 à 1873, sa dévotion envers la Vierge Marie, et son amour de l'art lui inspirèrent une sorte de passion pour l'embellissement de Notre-Dame de Marceille. Il commença par l'extérieur de l'église. La route de Limoux à Saint-Hilaire est faite en 1838-1840 : il faut aménager la voie sacrée ! Le 4 février 1849, il achète le champ en face de l'église... ce sera l'Esplanade... Vient l'aménagement de l'intérieur de l'église : suppression du puits; achat de l'orgue, le 2 octobre 1855. En 1858, l'abbé Gasc propose la

INTÉRIEUR DE LA BASILIQUE

restauration générale de l'église: trois ans de travaux. Pour les peintures, il se fait aider par le curé de Pieusse. On peut discuter certains aspects de cette restauration: au XIXe siècle, on n'aimait pas l'art des XVIIe et XVIIIe siècles. Le Moyen Age était à la mode... Si la chaire en pierre du XIVe siècle est belle, « *le plus joli morceau d'architecture qui serait dans l'église* », dit l'abbé Gasc, la chaire en bois doré l'était aussi, que l'on peut admirer encore dans la chapelle de la Miséricorde de Limoux ! Où sont partis les rétables de la chapelle St-Michel, de la chapelle de la Croix et l'ancienne couronne en argent ? Vendus à qui ?

Mais admirons son œuvre ! Ce fut un travail de peindre la nef de 24 m de longueur, 17 m de largeur et 18 m de hauteur ! En 1859, le sanctuaire et les chapelles de la Croix et de St-Michel sont finies : on comble les caveaux de la chapelle de la Croix. En 1860, c'est le tour des chapelles de la Statue et de St-Joseph, ainsi que de la première travée. En 1861, les quatre autres travées sont terminées. En Décembre 1862, c'est la restauration du porche.

Mais le 14 septembre avait eu lieu la grande fête du Couronnement de la Statue Miraculeuse. Cette fête était due à la piété de Mgr de la Bouillerie, évêque de Carcassonne. Avec quel enthousiasme, il publie son mandement du 15 août, où il annonce le bref du 27 juin de Pie IX : « *Notre diocèse compte à coup sûr un grand nombre de sanctuaires élevés en l'honneur de Marie, et tous renferment d'immenses richesses de grâces ; mais Marceille les a dépassés ! C'est là que depuis une longue suite de siècles, on a vu les fidèles accourir pour rendre à Marie un culte éclatant !* » Et dans l'après-midi du 14 septembre, sous un soleil radieux, a lieu la grandiose cérémonie du couronnement.

La ville de Limoux est pavoisée... la voie sacrée est

ornée, d'arcs de triomphe... la flèche du clocher est
décorée... Mgr de la Bouillerie a donné lui-même les
deux couronnes d'or, habiles reproductions des
couronnes des rois goths. Le curé de St-Roch de
Montpellier, l'abbé Paulinier, prononce le sermon
après les Vêpres Pontificales... On sort en procession ; c'était la première fois que la statue sortait
ainsi de son sanctuaire ! Les gendarmes à cheval
ouvrent le défilé. Un autel a été dressé dehors :
Mgr de la Bouillerie bénit les couronnes, les pose
sur les têtes de l'Enfant Jésus et de la Vierge Marie.
Alors la foule crie sa joie... les tambours battent aux
champs... les cloches des églises de Limoux sonnent
à toute volée. La procession continue sa marche,
difficile au milieu de la foule, remonte la voie sacrée.
Le chant de l'Ave Maris Stella accompagne la ren-
trée du cortège à l'église.

Joie de Mgr de la Bouillerie, joie des 300 prêtres
qui l'entourent, joie de la foule, joie de l'abbé Gasc :
cette fête était sa récompense !

Une âme sainte participait à cette fête, la fonda-
trice de la Société de Marie-Auxiliatrice, la Bienheureuse Marie-Thérèse de Soubiran. Etait-elle à
Limoux ? Etait-elle restée à Castelnaudary ? On ne
sait. Mais le 6 novembre 1861, le « *coubent del
Patiment* », le couvent de la souffrance, disparaissait dans les flammes. Le feu se déclara vers une
heure du matin. Les 14 enfants de l'orphelinat et
Mère Alexandrine, suffoquées par la fumée, n'avaient
pu gagner le jardin.

*« L'angoisse est au comble lorsque, par la fenêtre
d'où viennent de disparaître les visages affolés des
enfants et de leur maîtresse, jaillit une gerbe de
flammes. Mère Thérèse, alors, dans une pensée de
suprême confiance, jette à l'intérieur de la maison
son scapulaire et fait vœu d'accomplir avec les orphe-
lines un pèlerinage au sanctuaire de Notre-Dame de*

*Marceille, à Limoux. Immédiatement, la flamme
change de direction, libérant le toit du côté où sont
réfugiées les enfants ».*

Toutes les enfants seront sauvées. Mère Alexandrine, demeurée la dernière, n'a pas plutôt posé le pied que la toiture entière achève de s'effondrer. Il est 4 h. du matin. La Mère Marie-Thérèse de Soubiran emmène sa communauté à l'oratoire du Noviciat, où elle-même a transporté le petit tabernacle de bois... Longtemps leur prière se prolonge... Première adoration nocturne des sœurs de Marie-Auxiliatrice. Le 8 septembre 1862, la société est consacrée à la Mère de Dieu — donc quelques jours avant la fête du couronnement ! En 1962, un reliquaire ex-voto rappellera ce double événement (page 90-93 de Voie spacieuse, Bse M.-Th. de Soubiran, par Delmas, Paris, Spes, 1955).

En Autriche, à Frosdorf, vivait la Comtesse de Chambord. Son médecin était le docteur Edouard Carrière, originaire de Limoux. Par lui, la Comtesse connut le couronnement de N.-D. de Marceille. En 1863, elle offrait une icône byzantine, en feuilles d'argent repoussé, figurant la « Panagia » orientale : l'icône paraît remonter à une époque très reculée. Selon le désir de la Comtesse, elle fut placée le plus près possible de la niche : *« Madame demande pour son époux et pour elle une part des grâces réservées aux âmes chrétiennes, qui se mettent sous la protection de la Mère de Dieu en l'invoquant dans ce sanctuaire privilégié ».* Le conseil d'administration fut heureux de ce don... Mais on était sous l'Empire... les remerciements furent offerts avec prudence !

CHAPITRE VIII

VERS LE CENTENAIRE (1873-1962)

Des raisons de santé obligent l'abbé Gasc à démissionner de sa fonction de chapelain. Mgr de la Bouillerie avait obtenu deux Pères Lazaristes, en 1855, comme missionnaires diocésains, qui logeaient au grand séminaire de Carcassonne. Il pense au projet de Mgr Fouquet : installer des missionnaires à Notre-Dame de Marceille. Son successeur, Mgr Leuillieux réalise ce dessein : en 1873, les missionnaires quittent le grand séminaire et s'installent à Marceille.

La maison doit être aménagée pour recevoir huit personnes : deux aumôniers, assistés de deux frères, assureront la marche du sanctuaire, tandis que quatre missionnaires diocésains évangéliseront les villages du diocèse. Le supérieur de la communauté fera partie du conseil d'administration : il en deviendra le président.

En 1875, est reconnue l'utilité d'un abri pour les pèlerins ; il sera remplacé en 1954 par une belle bâtisse. Mgr Leuillieux convoque, pour le 15 mai 1877, un pèlerinage d'hommes. Ceux-ci arrivent par le train : la ligne Carcassonne-Quillan ayant été inaugurée l'année précédente ! Les hommes partent en procession de la gare. L'après-midi, une procession s'organise et la statue miraculeuse est portée en triomphe sur l'esplanade et sur la voie sacrée.

Ce pèlerinage d'hommes, unique dans les annales de Marceille, avait renouvelé les splendeurs de la fête du couronnement.

Le 3 juin 1883, le cinquantième anniversaire de la fondation des Conférences de St-Vincent de Paul réunit à Notre-Dame de Marceille tous les conférenciers du diocèse : la procession s'organisa à l'école d'agriculture, tenue par les Frères : chants liturgiques alternés avec la fanfare ! A la messe, Mrg Billard prononce des paroles de confiance : « *Notre bon et divin Maître est proscrit ; on veut le rendre impopulaire... L'Eglise, on voudrait l'asservir... On dit autour de vous que l'heure de son agonie commence... Nous sommes venus ici pour nous affermir, pour demander force et courage, à Celui que St-Augustin appelle le Père du courage...* » C'était l'époque des premières difficultés de l'Eglise de France avec le gouvernement !

Après le repas, se tient la réunion générale des 16 conférences du diocèse, dans l'église elle-même. Le St-Sacrement avait été préalablement porté à la sacristie, « *comme on fait pour les veilles de septembre* ». Du discours de M. Larroque, président de la conférence de Limoux, relevons deux points : il défend ses confrères d'une accusation d'empiètement sur le clergé, d'un certain esprit de cléricalisme qui paralyserait l'action du clergé et la leur ; il appelle, en finissant, l'attention de ses confrères sur l'œuvre du catéchisme, la première de toutes : « *sachons, s'il le faut, nous faire catéchistes* ».

Arrive l'heure des Vêpres ! Après le sermon, la procession extérieure du deuxième dimanche de la Fête-Dieu se déroule sur l'esplanade. Monseigneur porte le St-Sacrement et bénit la foule du haut de la fontaine transformée en reposoir.

Le 9 septembre de cette même année 1883, Monseigneur revient, mais avec l'archevêque d'Avignon,

Mgr Hasley, qui prendra comme thème de son sermon « *la dévotion à l'enfance de Marie* » (ces deux prélats étaient originaires de la même région : la Normandie).

En 1884, le Pape Léon XIII accorde plusieurs faveurs à l'église : le 29 février, il accorde au Maître-Autel la faveur d'Autel Privilégié. Le huit mars, il accorde à tous les prêtres la faculté de pouvoir célébrer la messe votive de la Sainte Vierge trois jours par semaine. Enfin, le 15 mars, le Pape accorde une indulgence plénière aux cinq fêtes de la Ste Vierge : l'Immaculée Conception, la Nativité, l'Annonciation, la Purification et l'Assomption.

Le dimanche 12 octobre 1884, Son Eminence le Cardinal Desprez, archevêque de Toulouse et Mgr Billard vinrent à Notre-Dame de Marceille pour la bénédiction de trois cloches ; la bénédiction eut lieu l'après-midi. Les cloches étaient au milieu du sanctuaire : la première, du poids de 442 kg, donne le la ; la deuxième, de 243 kg, le do ; la troisième, de 123 kg, le mi. Pour mettre les cloches, on dut enlever huit marches à l'escalier du clocher, et faire une voûte sous le beffroi, pour empêcher le son des quatre cloches de descendre dans l'église.

Et voici le 25ᵉ anniversaire du couronnement, célébré le 11 septembre 1887 ! Annonçant cette date, la Semaine Religieuse écrit : « *Dans ces dernières années seulement, plus de 80 ex-voto, remis entre les mains du vénéré supérieur des missionnaires, témoignent assez de la piété des fidèles et de la bonté de Marie* ». Des milliers de fidèles accourent, et la fête a lieu sous un soleil brillant : des banderoles aux mâts de la voie sacrée et tout autour de l'esplanade ; une immense croix sur la flèche du clocher brillera le soir de mille feux !

Quelques jours plus tard, Mgr Billard sera à Prouille : commencé en 1885, le pèlerinage de

Prouille est inauguré, officiellement peut-on dire, par une grande fête.

Le ciel était trop bleu ! Cela ne pouvait durer ! Les nuages ne vinrent pas de Paris : la société immobilière de Marceille ne fut pas touchée par les lois. Bien sûr, les Lazaristes durent partir en 1906, pour revenir en 1920. Mais c'est de l'ouest, et en 1890, que les nuages assombrirent le ciel de Marceille. L'orage dura trois ans !

Les co-propriétaires étaient alors : Mgr l'évêque, M. Bourrel, M. Andrieu, M. l'abbé Lasserre, curé d'Alet. En novembre 1889, M. Bourrel fait une instance en partage devant le tribunal de Limoux. Le 4 juin 1890, le tribunal de Limoux ordonne, à cause de l'instance de M. Bourrel, banquier, demeurant à Laroque-d'Olmes (Ariège), la vente par licitation de Notre-Dame de Marceille, mais l'église devra conserver son affectation cultuelle.

MM. Andrieu et Bourrel relèvent appel de ce jugement. Le 2 février 1892, la cour d'appel de Montpellier confirme la sentence de vente, mais annule ce qui a trait au maintien de l'affectation cultuelle de l'église. Une affiche, en décembre, paraîtra annonçant la vente en un seul lot, le mardi 17 janvier 1893, à une heure et demie du soir, de l'église de Notre-Dame de Marceille et de ses dépendances.

L'enchère fut lancée à 4.000 francs ; à la 34e bougie, M. Bourrel l'obtiendra pour 51.050 francs. Qu'allait devenir le pèlerinage ? Inutile de dire que l'opinion publique était passionnée par l'affaire. Quelle était la pensée de M. Bourrel ?

Mgr Billard réagit en faisant transporter la statue à l'église de l'Assomption de Limoux, « *après avoir fait sonner les cloches de toute la ville* ».

Finalement, le 20 mai, Monseigneur achète Notre-

Dame à M. Bourrel pour 53.879 francs. Le huit juin, il publie une lettre pastorale « *annonçant le retour triomphal de la Madone miraculeuse en son antique sanctuaire de Marceille* ». Le début de cette lettre révèle bien les sentiments de Monseigneur : « *c'est à dessein que nous nous servons de ces mots : le retour triomphal de la Madone; nous désirons, en effet, organiser, en l'honneur de la Très Sainte Vierge, pour le 2 juillet prochain, jour de sa Visitation, une manifestation éclatante, une véritable ovation qui soit comme un acte réparateur envers l'auguste Reine du Ciel... »*

Les processions étaient interdites à Limoux, mais Notre-Dame de Marceille n'avait jamais souffert de cet arrêté. Monseigneur demande à M. le Maire de Limoux de rapporter, « *ou du moins de suspendre* », l'interdit.

Ce fut vraiment triomphal ! La procession se déroule à travers les rues de la ville. Quatre prêtres originaires de Limoux, revêtus de dalmatiques, portent la statue : Musiques de Fabrezan, de l'école St-Joseph, du Petit Séminaire de Carcassonne ! Arcs de triomphe sur la place de la République ! Rue de la Trinité ! Pont de fer ! En face de la gare, les pèlerins de Narbonne grossissent la procession ! Voici Marceille : la statue est dans son sanctuaire ! L'âme de Mgr Billard salue la statue : « *O douce et sainte Madone, image vénérée qui reproduisez si bien, sous vos célestes traits, et la pureté sans tache de la Vierge, et les joies incomparables de la Mère, quelle n'est pas mon émotion en vous rendant, après trois mois d'exil, à votre antique sanctuaire.* »

La messe commence en même temps dans le sanctuaire et sur l'esplanade. Le soir, M. le chanoine Valentin, de l'Institut Catholique de Toulouse, prononce « *un discours beau comme la fête, enthousiaste comme la foule, riche comme les décorations, chaud et entraînant comme un hymne de triomphe ».*

Quelle flamme en effet ! La foule est bercée par cette phrase : « *les dieux s'en vont, les Madones reviennent* ». Quelle poésie : « *A Marceille, la montagne n'est que la plaine qui s'est mollement soulevée et qui, en montant vers le ciel, a conservé son manteau de verdure ; la plaine devenue montagne a gardé toutes ses émeraudes... Et vraiment tout, dans ce monde, a sa destination, et quand Dieu créa, façonna le sol limouxin, il pensa à Notre-Dame de Marceille. »*

Le soleil disparaissait derrière l'horizon ; une illumination féérique commençait : d'abord le clocher de St-Martin, puis la tour de Marceille, Cluny, enfin la ville entière : tout resplendissait !

L'église n'eut pas à subir les Inventaires, car avant la suppression du concordat l'Etat ne payait aucun service, et Marceille appartenait à des particuliers ! Parce que l'édifice était considéré comme privé, la statue miraculeuse ne fut pas classée. Toutefois, l'administration des Beaux-Arts a classé :

— la chaire à prêcher, en pierre, du XIV⁰ siècle.

— Vantaux de la porte : bois sculpté et quatre verrous de fer forgé : fin du XIV⁰, début du XV⁰ siècle.

— La Vierge et l'Enfant : statue en pierre au trumeau de la porte : commencement du XV⁰.

Le site de Marceille est classé depuis le 12 mars 1943 ; l'église sera inscrite à l'inventaire supplémentaire des Monuments historiques le 27 septembre 1948.

Nous avons déjà fait allusion à la grande fête du 6 Octobre 1912 : cinquantenaire du couronnement et érection du sanctuaire en Basilique mineure. Les trains amenèrent les pèlerins de Carcassonne, de

Narbonne, de Castelnaudary ; pour la première fois, « la corne des automobiles ronfle » ! Mgr de Beauséjour reçoit l'archevêque de Toulouse, les évêques de Perpignan, de Pamiers, l'auxiliaire de Montpellier. La chorale de Preixan assure les chants de la grand-messe. Les cérémonies du soir sont troublées par la pluie. M. le chanoine Jean était supérieur de Marceille.

La vie continue ! En 1925, l'électricité resplendit dans l'église. L'inauguration a lieu le 27 septembre, jour du pèlerinage de la Cathédrale. La paroisse St-Vincent de Carcassonne avait organisé le premier pèlerinage par le train, en 1876. Ainsi Carcassonne sait profiter du progrès !

Le 12 septembre 1937, a lieu le 75e anniversaire du Couronnement : l'orateur est Mgr Gerlier, archevêque de Lyon. Belles cérémonies, mais quelle pluie durant la procession !

La guerre de 1939-1945 troubla les pèlerinages ; les moyens de locomotion étaient réduits ! Au matin du 22 août 1944, quelques balles perdues sont tombées dans le jardin, venant de l'Aiguille. Après la guerre, commence la restauration des contreforts de l'église et des murs les plus délabrés.

En 1958, c'est le centenaire de Lourdes ; trois ex-voto sont prêtés à l'exposition de Lourdes. L'année mariale inaugurée à Limoux — la statue est descendue sur les allées de Tivoli — sera clôturée à Prouille.

Au cours des siècles, le pèlerinage s'est adapté à la vie des gens ; actuellement, en plus des pèlerins, il y a les visiteurs qui viennent à Marceille ; les groupes ont perdu peut-être de leur importance, mais les pèlerins isolés sont plus nombreux.

Chaque année, la nuit du 7 au 8 septembre est passée en une longue prière. Cette veillée existe en d'autres sanctuaires, et se rattache à la plus ancienne fête de la chrétienté, la veillée pascale.

En 1380, nous avons la certitude de son existence : veillée « angoissée » ! Dans le compte rendu de la visite pastorale de 1641, nous relevons cette phrase : « *il y a un grand abord de peuple qui visite la dite église par dévotion, même y passe la nuit entière le jour de la fête de Notre-Dame de septembre, et couche dans l'église, ce que Monseigneur a expressément défendu, sous peine d'excommunication, et enjoint aux dits ermite et marguilliers de fermer l'église une heure avant la nuit* ».

Coucher dans l'église ! On comprend la réaction sévère de l'archevêque ! Les pèlerins qui venaient de loin, à pied, voulaient être présents, dès les premières heures, aux cérémonies de la fête patronale : leur intention était bonne !

Mais la prudence est une vertu ! Vers 300, en Espagne, le synode d'Elvire interdisait aux femmes la vigile sur les tombes des martyrs. Quelques années plus tard, St Jérôme invitait une mère de famille romaine, lors de la vigile pascale, à ne pas laisser ses filles s'écarter d'elle de la largeur d'un doigt... !

Rappelons-nous le commentaire d'Alexandre Guiraud : « *toute la nuit, des jeunes filles, qui se groupent par villages, chantent successivement des cantiques, causent assez bruyamment, et dorment, sur les larges dalles, ou dans les stalles enfoncées* ».

Le 31 août 1836, les marguilliers de Marceille se penchent sur ce problème. Ils voulaient remédier « *à un abus qui règne depuis longtemps à la chapelle pendant la durée de l'octave* ». Voici les mesures prises : à l'avenir, les femmes seules seront admises à passer la nuit dans la chapelle. Après la clôture de l'office du soir, un homme ne pourra entrer ou rester dans la chapelle sous quelque prétexte que ce soit, sans une permission spéciale d'un des marguilliers. Les hommes qui désireraient ne pas s'éloigner de la chapelle pendant la nuit, auront la faculté de prendre leur repos dans le vestibule de la maison. Cette délibération sera affichée à la porte de l'église, et un gardien sera établi à la porte, pendant toutes les nuits de l'octave.

Admirable règlement ! qu'il fallut remettre en vigueur... 7 ans plus tard ; pourtant en 1839, dans un état des dépenses faites durant l'octave, on lit : « *deux soldats chargés de maintenir l'ordre pendant la nuit : 4 fr. 50* » ! Le 20 août 1843, le conseil d'administration charge M. l'Aumônier « *de donner lui-même la consigne au chef de poste qui sera établi* ».

Le 8 novembre 1857, pour les nuits de l'octave, on décide de remplacer les chandelles de suif par six lampes modérateur, « *plus dignes et facilitant la surveillance* ».

En 1873, Mgr l'Evêque demande qu'on établisse la coutume des processions aux flambeaux « *comme il existe à Notre-Dame de Lourdes* ». Il fixe la première procession au dimanche 20 septembre, qu'il viendra présider lui-même.

Alors, se fait une sorte d'illumination de Marceille, qui attire un certain nombre de curieux. Le 9 septembre 1882, un incident arrive pendant le souper. Un enfant, maniant une matière explosible, eut la maladresse de l'approcher de la lumière. Une très forte détonation jette l'épouvante parmi les personnes réunies à l'église pour y passer la nuit. On supprimera cette illumination : les curieux ne viendront plus ; la piété y gagnera !

Tout ceci explique l'évolution qui s'est faite dans la fréquence de ces veillées de septembre. Au cours des années 1836-1843, on passe à l'église toutes les nuits de l'octave, donc du 7 au 15 septembre. En 1886, les veillées ont lieu les nuits du 7 au 8, du 8 au 9, ainsi que les nuits du samedi au dimanche, durant tout le mois de septembre. En 1946, il ne reste plus que la veillée du 7 au 8 septembre, avec des processions chaque samedi soir de septembre. Il n'y a plus aujourd'hui que la nuit du 7 au 8 septembre, et encore se termine-t-elle après la messe de minuit.

Les moyens de locomotion ont permis de supprimer la deuxième partie de la veillée : on peut aller dormir à la maison ! La vie moderne ne permet plus de grandes cérémonies le 8 septembre : les pèlerinages se font les dimanches de septembre. Qu'importe ! Notre-Dame de Marceille est toujours vénérée, aimée !

Le centenaire du couronnement, en 1962, continuera la série des grands pèlerinages.

CONCLUSION

J'AI terminé. Il est agréable de laisser toute liberté à son imagination. Un millénaire est terminé; un autre commence !

C'est vrai ; mais les civilisations sont mortelles... les lieux de pèlerinages aussi ! Alors, vous n'avez pas peur pour Notre-Dame de Marceille ?
Ce serait dommage de ne plus voir le sourire de la Vierge ! Mais je suis tranquille, si tel lieu de pèlerinage disparaît, Dieu en créera un nouveau... Le pèlerinage fait partie de la vie religieuse. Le pèlerinage est « un fait » aussi vieux que le monde !

Donc, vous êtes pour les pèlerinages ! Mais vous n'avez pas peur de la superstition ? Confiance dans un cierge ? Confiance en la Vierge Marie plus qu'en Dieu ?

Oui, je suis d'accord avec **Jean Guitton** : « *le danger permanent de la religion catholique est de conduire le peuple à la superstition, c'est-à-dire à des formes de vie religieuse où les instincts de la vieille nature se retrouvent ou se satisfont. Lorsque la doctrine se dessèche, ou que la vigilance de l'Eglise se relâche, ou que les saints se refroidissent, on voit la religion populaire s'abaisser, et le bigotisme prendre le pas sur la foi* » (**P. 237.** Difficultés de croire). Il faut se méfier d'une sentimentalité touchante, parfois dangereuse pour l'équilibre de la foi. C'est pourquoi le pape Jean XXIII écrivait dans son message au congrès marial de Lisieux: « *Nous ne saurions trop vous louer, chers fils, de cet effort*

*pour alimenter votre piété mariale si fervente par
la méditation et l'enseignement de la Sainte Ecri-
ture et du magistère ordinaire de l'Eglise. Recher-
chez la dévotion mariale la plus assurée par la
tradition, telle qu'elle nous est transmise depuis les
origines à travers les formules de prières des générations successives des chrétiens de l'Orient et de
l'Occident ».*

La mariologie découle de la christologie comme
une conséquence des prémisses ; elle doit y être
toujours rapportée ; en dehors du Christ, Marie ne
serait qu'une idole !

Comment expliquez-vous que Marie accorde de
préférence ses bienfaits en tel lieu de pèlerinage ?

Je n'explique rien ; je constate, me souvenant de
la phrase du pape Pie VII (Quod divino afflatu
Spiritu, 24 janvier 1806): ...de même que Dieu
*« distribue ses dons et souffle où il veut, souvent
aussi par un mode de Providence admirable, il
accorde de plus amples bienfaits à ceux qui implo-
rent avec plus de ferveur et d'insistance l'intervention de la Mère de Dieu devant telle image plutôt
que devant telle autre, dans tel sanctuaire plutôt
que dans tel autre ».*

Dieu n'est pas plus présent à Rome, à Lourdes
ou à Marceille, qu'à Carcassonne ou à Narbonne ;
une messe célébrée à N.-D. de Marceille n'a pas plus
de valeur que celles célébrées dans une paroisse.
Mais c'est nous qui sommes plus présents à Dieu
quand nous nous rendons à Marceille ; c'est nous
qui sommes mieux préparés à profiter de la messe,
lorsque nous avons fait le voyage. Le pèlerin atteint
le degré de recueillement nécessaire au jaillisse-
ment de Dieu dans sa vie. Une croix au bord de la
voie sacrée indique l'emplacement où Gustave Vison
fut frappé de mort subite le 2 mai 1886: il montait

à Notre-Dame de Marceille ; il était dans les meilleures dispositions pour paraître devant Dieu !

Cependant tous ceux qui visitent Notre-Dame de Marceille ne sont pas des pèlerins. L'esplanade a son charme !

C'est exact, et c'est le moment de faire la prière. *« Seigneur, faites connaître votre amour à ceux qui ne vous cherchent pas »*. Le passage touristique est considérable et crée de nouvelles obligations, si l'on veut que le pèlerinage continue sa mission d'aider tous les hommes à atteindre Dieu.

Nous avons vu le passé ; il faut vivre dans le présent, en regardant l'avenir. Vers 1881, on voulait agrandir l'église, construire une nouvelle travée, élever un nouveau clocher ; projet grandiose ! Ne serait-il pas plus utile d'avoir une maison pour recevoir des retraitants ?

Pouvoir se recueillir à l'ombre de la vieille église ! Dans la vieille église ! Cette église, conciliant si bien les prescriptions liturgiques et les préoccupations pastorales ! « Vieille », mais non de ce style moderne qui s'appelle « vieux » ! Couleurs des murs, de la voûte, qui donnent vraiment l'aspect d'une maison, celle de Dieu et de son peuple, maison de la Mère de Dieu et de la Mère des hommes !

Sur les murs, des images, des statues qui rappellent le souvenir de certains membres de la famille chrétienne ; dans toute maison, il y a des photos ! Il n'en faut pas trop, comme dans cette église où il y avait 38 statues, et dix personnes assistant à la messe le dimanche ; les autres y étaient représentées par la statue de leur saint patron. Il faut garder l'équilibre : ni trop, ni pas assez ! Et ces statues sont de tous les styles ; seul le style tout à fait moderne est absent.

Eglise si bien adaptée au sourire de Notre-Dame

de Marceille ! Tel est le message de la colline sainte : sourire, confiance, espérance ! Le sourire de la Vierge rappelle le texte de St Jean : « *Dieu est amour. Il a manifesté son amour pour nous, en envoyant son Fils unique dans le monde, afin que nous vivions par lui. Et cet amour consiste en ce que ce n'est pas nous qui avons aimé Dieu, mais lui qui nous a aimés... aimons Dieu puisque Dieu nous a aimés le premier.* » (I Jean IV, 10 et 19).

Sourire de la Vierge, à tous les petits enfants, qui lui sont consacrés ;

Sourire de la Vierge à tous les jeunes fiancés, et la légère ironie du sourire de la statue leur dit de faire attention : les affections sont fragiles !

Sourire de la Vierge aux jeunes mariés, qui viennent lui consacrer leur vie nouvelle ; il faut beaucoup d'amour pour garder chaque jour le sourire !

Sourire de la Vierge aux mamans, inquiètes de la santé physique et morale de leurs enfants ; « *moi aussi j'étais inquiète, lorsque Jésus, à 12 ans, était perdu à Jérusalem* ».

Sourire de la Vierge aux hommes, qui viennent se recueillir devant la niche : qui connaît le dialogue entre eux et la Vierge Marie ? Elle peut leur dire d'être moins durs, de mettre leur cœur à l'intérieur de leurs idées, de leurs principes !

Sourire de la Vierge à notre siècle, que domine la crainte ! A notre siècle d'évolution sociale ! Ce sourire rappelle le dogme de la Providence : l'amour de Dieu veille sur l'humanité !

PRIÈRE

Protectrice de nos aïeux, voyez encore à vos pieds, ce peuple que vous aimez et qui vous aime. O Notre-Dame de Marceille, écoutez le cri de notre prière, et venez à notre secours.

Reine montée aux Cieux, vous êtes toute-puissante sur le cœur de votre Fils ! Mère pleine de bonté, pourriez-vous rester insensible à la détresse de vos enfants !

Préservez nos familles de ces maux qui causent aujourd'hui tant de ruines : le divorce, le mépris des lois du mariage, l'imprudence dans les lectures et les spectacles ;

Faites régner dans nos maisons et dans nos cités la concorde et la paix, le dévouement et l'esprit du sacrifice, le désir de servir et non d'être servi.

A nos enfants et à nos jeunes, obtenez une foi convaincue, le goût de l'effort, le culte de la pureté, un amour passionné pour le Seigneur Jésus.

Qu'à votre appel, partout, se lèvent de vrais militants ! qu'à votre exemple, partout, s'éveillent les vocations religieuses ! Qu'à votre prière, le Seigneur rende plus nombreux et plus saints les prêtres dont nous avons tant besoin !

A tous ceux qui souffrent, apprenez à souffrir ! Guérissez nos malades ! Consolez les malheureux ! Soutenez le courage des persécutés ! Soyez le refuge des pécheurs !

O Notre-Dame de Marceille, souvenez-vous de vos miraculeuses intercessions ! Montrez encore, ô Marie, que vous êtes notre Mère, et conduisez-nous jusqu'au Ciel, dont vous êtes la Reine.

Ainsi soit-il.

(100 jours d'indulgence.)

+ **PIERRE-MARIE,**
Evêque de Carcassonne.

TABLE DES MATIÈRES

Achevé d'imprimer en Juillet 2006
par ADLIS
59000 – LILLE, France
Dépôt légal : Juillet 2006

Imprimer en Janvier 2021
par KDP Publishing

LES ÉDITIONS DE L'ŒIL DU SPHINX
36-42 rue de la Villette - 75019 PARIS
FRANCE
Tél. 09 75 32 33 55 - Fax. 01 42 01 05 38
Émail : ods@œildusphinx.com
Web : www.œildusphinx.com